馬原孝浩の「投球クリニック」

馬原孝浩／著

[馬原トレーナーアカデミーグループ代表
緑鍼灸整骨院代表]

現役12年間で培った　医学的根拠による

経験×理論

正しい「投球技術」「コンディションケア」「トレーニング」で
ピッチャーのパフォーマンスが上がる!

ベースボール・マガジン社

はじめに

　2015年限りで現役を引退した後、私は九州医療スポーツ専門学校に通い、柔道整復師と鍼灸師の資格を取って、現在までトレーナーとして活動を続けてきました。それまで野球の現場でよく感じてきたのは、多くの人が経験をもとにして"自分の感覚"でモノを言ってしまいやすいということ。もちろん現役時代の私なども例外ではなく、だからこそ、当時から「科学的な知識をしっかりと身につける必要がある」と思っていました。

　また、私はプロ5年目の08年に初めて肩のケガをしたのですが、その頃から肩の名医、ヒジの名医、腰の名医、ヒザの名医…と、さまざまな部位の専門家に体を診てもらう機会が増えました。さらに多くの治療院も紹介していただき、そこで受けたマッサージやストレッチの方法などを知識として

蓄え、自分でも採り入れるようになりました。ものすごく良い手技（手で直接行う施術）をしてもらい、また個人的にもセルフケアに力を入れたことで、復帰後も１年につき数十試合（09年53試合、10年53試合、11年33試合）という登板数をこなせたのです。

　その後、セルフケアだけではカバーし切れない体の状態になり、12年に手術、同年オフに移籍（ＦＡ選手の人的補償でソフトバンクからオリックスへ）。さらに翌年春のオープン戦では非常に珍しい神経のケガ（腕神経叢の炎症）を負い、手術で長期離脱をしてしまいます。これは正直、今でもまだ痺れが残っているほどの大きな故障でした。ただ、そこで私は「そんな状況からでも復帰できるんだという例を作りたい」と思い、パーソナルトレーナーを雇って、それまでに私が蓄えてきた引き出しをすべて預けてケアをしてもらいました。その結果、たくさん投げても何ともない体が出来上がり、移籍２年目にキャリアハイの登板55試合（リリーフで32ホールド）。実績を残せたことがすごく大きな自信になりましたし、「やっぱりケアに力を入れたら長く続けられるんだな」と強く実感しました。

　一方で、パーソナルトレーナーは常に特定の選手に帯同するわけにもいかず、１年ごとに交代したりもします。ですからオリックスで過ごした３年間、私は合計３人のトレーナーに指導をしました。しかし手技をマスターするには、休みなしでも１日５時間で丸３か月は掛かるもの。実際は５時間の内容を45分にギュッと詰め込んでレクチャーしたのですが、やはり相当な根気がいる作業になります。それを何年もずっと続けるのは難しく、最後はスパッと諦めて引退を決めたわけです。ただ、その過程で気付いたのは、レクチャーをしながら自分の手技がすごく上達していたこと。自身が選手だ

ったからこそ受け手の感覚も分かっており、今度は自分がケアをする側に回ろうと思うようになりました。

　また、そもそも現役時代から疑問だったのは、コーチ陣を見渡すと基本的には野球で実績を残してきた"野球の専門家"ばかりで、なぜか体のことを専門的に分かっている"有資格者"がいないということ。つまり、野球の指導の中では体のことを本当に分かっている人が少ないということになります。ならば、自分がそのパイオニアになろうと。そして、実際に活動するためにはもちろん「昔はプロ野球選手だった」という肩書きだけでは通用しないので、専門家としての説得力も必要。「一から勉強して資格を取ろう」と考えたのには、そういう経緯があります。

　現在はトレーナーと並行して指導者としても活動していますが、野球を科学的な視点で捉えることは実際に現場でも大きく役立っています。この本を通して、その内容がみなさんにも広く伝わっていけば幸いです。なお、この本のテーマは「投球」ですが、体の成長段階に合わせて章を区切っています。投球の技術にしてもトレーニングの内容にしても、骨格や筋肉量によってこなせるものが違うからです。大まかに言うと小中学生が基礎編で、高校生以上からアスリートまでが応用編。もちろん成長には個人差があるので、あくまでも目安ですが、ひと通りの知識を頭に入れた上で段階を踏んで練習やトレーニングをしていけば、より上達できると思います。ぜひ参考にしてみてください。

馬原孝浩

Contents

装丁・本文デザイン／イエロースパー
写真／ＢＢＭ、湯浅芳昭、Getty Images
構成／中里浩章
協力／火の国サラマンダーズ、永見幹太朗

第4章 理に適った投球フォームと練習 　107

基本的には100人いれば100通りの投げ方がある
投球フォームは選手が自分で感覚をつかむことが大事　108

セルフチェックで体の特徴をしっかりと確認して
セルフケアでバランスの良い姿勢に整えていく

第1章

基礎編①

（小学生の技術とトレーニング）

まずは子どもたちに野球の楽しさを伝えること
大人はケガをしないように考えて指導をする

　多くの選手の野球人生は、小学生の年代から始まるのが一般的だと思います。この時期は体が大きく成長し、また技術の飲み込みも早いため、パフォーマンスはグングン向上していくでしょう。ただ、その一方でケガをしてしまったり環境に合わなかったりして、競技を辞めてしまうというケースも少なくありません。野球がつまらなくなり「もっと楽しいことをやりたい」と考える子どもたち、あるいは「教え方が分からない」「どの指導者、どのチームに任せればいいのか分からない」と感じている親御さんも多いのではないでしょうか。

　だからこそ、大切なのはまず、指導者一人ひとりが子どもたちに「野球が楽しい」と思ってもらえる環境を作ること。特に野球への導入では、プレーする楽しさを伝えることが必要だと思っています。たとえば、カラーボールとカラーバットを使った"遊び"からスタートするのも良いでしょう。投げ方や打ち方がどうこうというよりも、とにかく体をめいっぱい使って「遠くへ投げる」「遠くへ飛ばす」。その気持ち良さを体感して本人が最初の段階で「楽しいな」と思えば、そこから先は「もっと上手くなりたい」「もっと遠くへ投げたい」と自主的に取り組むようになります。

　実際、私も現役時代はプロの世界まで経験しましたが、原点は子どもの頃にやっていた"遊び"の野球です。地元（熊本県熊本市）では「小4からクラブ活動を始める」という文化があり、6歳上の兄が小4から軟式野球チームに入った流れで、私も幼少期から兄たちに混じって野球で遊ぶようになりました。当時はテレビをつけれ

ば巨人戦の中継もやっていましたし、近所にも野球好きの友達が多く、よく一緒にカラーボールとカラーバットで遊んだものです。そこでバーンとホームランを打ったり、また三振を取ったりしたときの楽しさにハマり、その後も野球をずっと続けていったわけです。

　さて、そうやって子どもたちが興味を持つタイミングが来たら、今度は大人が彼らの将来を見据えてどういう指導や育成をするのかが重要になってきます。その中で絶対に避けたいのは、子どもたちにケガをさせてしまうことです。ただ、もちろん無茶な練習をさせて体に負担を掛けすぎるのはダメなのですが、全身を上手に使えて動けていれば、基本的にはケガをしないものです。特に野球では「投げる」という動作が基本になりますが、小学生の段階ですでに体の使い方が間違っている子も多い。投げ方を少し矯正してあげるだけでも、ケガのリスクは大幅に減らすことができます。

　ここで注意点ですが、指導者が「この部分が悪いからこういうふうに使いなさい」と指摘しすぎた結果、逆に悪くなってしまうというケースもあるので、人それぞれのタイプは把握しないといけません。たとえば、ボールを投げるときの腕の使い方などにも何通りかありますが、指導者というのはその中の1つだけをじっくり教え込むケースが多い。それが合えば飛躍的に伸びる一方で、合わなかったら一気にケガのリスクが跳ね上がってしまいます。そもそも、一見すると体の使い方が悪くてスムーズさを欠くような印象のフォームでも、本人にとってはそのほうがバランスを取れていて体への負担が少ないとか、打者が打ちにくさを感じているから打ち取りやすい、といったことも実はよくあるのです。それでもなお、指導者が理想の形を求めて違う方向へ持っていこうとすると、結果的にケガをすることが増え、さらに打者を打ち取るというパフォーマンスの

部分も低下してしまいます。したがって、投球フォームをただ修正していくだけでなく、どうしてそういう使い方になっているのか、一人ひとりの体の特徴もしっかり見ておくことが必須だと思います。

では、体の特徴とは具体的にどこを見れば分かるのか。必ずしも投球フォームを見なければならないというわけではなく、たとえばその場で立っているときの姿勢、あるいは体操やトレーニングなどで動いているときの姿勢にも現れます。どういう人がどういう傾向にあるのか、またどうやって改善すればいいのかなど、詳しい内容については第5章のセルフチェックで説明しますが、ひとまず誰が見ても分かりやすいものとして、次の項目を頭に入れておくと良いでしょう。

＜身体的特徴の代表例＞
★腕を伸ばしたときにヒジが曲がっている・ヒジが伸びている
★なで肩・いかり肩　★猫背・反り腰　★O脚・X脚
★肩の高さに左右差がある　★腰の高さに左右差がある
★ヒザの高さに左右差がある　★脚の長さに左右差がある
★足首が外側に向いている・内側に向いている

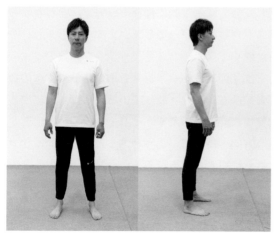

立っている姿勢や歩いている姿勢だけでも、人それぞれの体の特徴は現れる。指導者はその部分をしっかりと把握し、一人ひとりに合わせた体の使い方を模索していくことが大切になる

スタート・フィニッシュ・ボールの回転を意識して 自分なりにバランスの良いフォームを身につける

　ここからは投球の技術的な話をしていきます。

　現代はインターネットやSNSの発展などもあり、誰もがいつでもどこでもすぐに多くの情報を得られる時代になっています。これはとても素晴らしいことである反面、たとえばすごく難しい投げ方をしている投手が大活躍をしたとき、まだ成長発達の段階にある小学生までもが簡単に同じ投げ方を真似してしまうのではないかという懸念もあります。小学生のうちはまず、土台としてキレイな投球フォームを身につけてほしい。私はそう思っています。

　もちろん、プロの選手など上手い人の真似をするということは、上達においてはすごく大切なことです。ただし、昔と今では主流とされる投げ方が違います。ひと昔前、野球界で流行ったのはいわゆる"お手本通り"のキレイな投げ方。ケガもしにくく、子どもたちもそれを真似することでスムーズに動きやすいフォームを身につけていました。ところが現在は癖のある投手、特徴的な投げ方をしている投手もどんどん増えてきており、さらに彼らが活躍することでそちらが定番になりつつあります。そもそもキレイなフォームというのは、裏を返せばタイミングを取りやすいフォームでもある。結局、試合では「対打者」でいかに抑えられるかが重要であって、パフォーマンスの向上を考えるのであれば、できるだけ特徴を生かそうとするのは当然です。その流れがあって、近年は大谷翔平投手（エンゼルス）やダルビッシュ有投手（パドレス）、千賀滉大投手（メッツ）のように腕を小さく畳んで使うのが一つの流行になっているのかなと思います。一方で山本由伸投手（オリックス）のように逆

に腕を大きく使うタイプもいますが、これもまた特徴的なフォーム
です。いずれにしてもこれらの投げ方というのは、十分な骨や筋肉
が備わっているからこそ実現できるもの。体ができている選手が自
分に合うものを追い求めた末に辿り着いた応用の動きであって、骨
も筋肉も不十分な小学生の段階でそのまま真似をすると、ケガのリ
スクが高まってしまいます。

　では、「キレイな投球フォーム」を身につけるためのポイントは
どこかと言うと、次の3点です。

1（スタートの姿勢）：投げる前に片脚でしっかり立つ
2（フィニッシュの姿勢）：投げた後に片脚でしっかり立つ
3（ボールの回転）：体の斜め前で腕を振ってボールを真っすぐ回転さ
せる

　投げる動作というのはすごく複雑なものだと感じているかもしれ
ませんが、野球に限らず、スポーツの動きは基本的にすごくシンプ
ルなものです。特にまだ投げる感覚が体に染み込んでいない小学生
の場合、最初から「この部分をこうやって動かそう」などと使い方
を細かく意識すると、余計な力が入ってバランスが崩れ、逆に変な
投げ方になってしまうことがよくあります。ですから、形どうこう
を気にする必要はありません。また、指導者はどうしても「ここの
使い方が…」などと指摘したくなってしまうものですが、そもそも
バランスが取れていない子どもたちは、それを言われたところで正
しい感覚が分からないと思います。

　大事なことはまず、自分がバランスを取りやすいフォームで投げ
ることです。1と2で投球動作の最初と最後を安定させることだけ

意識していくと、自然とその途中の動きもバランスが整っていくのです。そして、3を意識することで狙ったところへ真っすぐ投げていく感覚を養うことができます。小学生の段階では、まずはこの3つをしっかり身につけること。そこから個々の成長に応じて、体の使い方の細かい部分を考えていけば良いと思います。

3つのポイントについて、もう少し詳しく説明していきましょう。

1（スタートの姿勢）では、最初のうちはおそらくフラフラしてしまうことが多いかと思います。ただ、小さい子どもの筋肉ならそれが当たり前なので、まったく問題ありません。それでも1本足（右投げなら右足）で立って止まれるように頑張っていると、そのうちに必要な筋肉がついていき、その筋力に応じた立ち方をするようになって自然とふらつかなくなります。

ちなみに指導者が見るチェックポイントとしては、足を上げていくタイミングで頭の位置が動いていないかどうか（第4章P111参照）。意外と多いのが、重いものを持ち上げるときのように頭がいったん前へ動いてから後ろに行って足に体重が乗るというパターンなのですが、この前後のブレをなくして頭をピタッと止めたまま足を上げられると、スムーズに安定した姿勢を取れるようになります。さらに言うと、スタートの姿勢からステップを始めるときにも頭を動かさないことが重要（同P112参照）。投げる方向へ頭を動かしていくとそのまま上体が倒れてバランスが崩れ、また目線もブレてしまうので、頭の位置を残した状態でお尻から出ているかどうか。これもフォームを安定させるためのポイントです。

2（フィニッシュの姿勢）はスタートの姿勢を作るよりも難しく、最初はやはり両足をすぐに着いてしまうか、また片脚で上手く立てたとしてもフラフラすると思います。ただ、その中でも1本足（右

投げなら左足）でしっかり立って止まることをずっと続けていくと、腕の振りよりも全体のバランスに意識が向くようになります。子どもたちはどうしても「とにかく力いっぱい腕を振って投げよう」と

■ 投球動作の土台となる3つのポイント

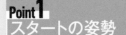

Point 1 スタートの姿勢

投球フォームにおいて、最初の姿勢が安定しているかどうかはすごく大切だ。右投げの場合は左脚を上げて右脚1本で真っすぐ立ち、いったん止まってみよう。最初はフラフラしてしまうのも仕方ないが、意識していれば自然とバランスを取るようになり、筋肉も伴って少しずつ止まれるようになってくる。

正面から

真横から

Point 2 フィニッシュの姿勢

フィニッシュの姿勢では、右投げの場合は左脚1本で立って止まれるかどうか。こちらも最初はふらつくことが多いが、続けていくうちに「腕を強く振る」から「全体のバランスを取って投げる」という意識に変わってくる。形としてはアルファ

考え、足を上げずにどんどん前へ出ていこうとするものです。だからこそ、「まずは片脚を上げ、最後も片脚で止まる」という習慣をつける。それだけで少しずつ「軽く投げてバランスを取ろう」と考

Point3 ボールの回転

上半身の使い方を身につけるためには、ダーツを投げるのと同じ要領でボールを投げるのがオススメ。体の面を斜めに向けて立ち、腕を真っすぐ上げて手を耳元あたりに持っていった状態（ゼロポジション）でスタート。ここからシンプルにヒジを支点にして腕をビュッと振るだけだ。キレイな縦回転を与えることを意識していけば、腕の振りとリリースの感覚が養われていく。

正面から　　　　**真横から**

ベットの「T」の字が理想。スタートとフィニッシュが安定すれば自然とその過程の動きもバランスが整い、スムーズに腕を振れるようになっていく。

えるようになり、ちょうど良い具合に力が抜けて安定したフォーム
が自然と身についていきます。

　指導者側のチェックポイントですが、一番大事なのは形どうこう
ではなく、自分なりのバランスの取り方を育ててあげること。です
からフィニッシュでも、１本足で立ってバランスが取れてさえいれ
ば問題はありません。ただ、基本的には上体をステップする側（右
投げなら左側）へしっかり倒さなければならないので、どうしても
難しい場合には、目安としてローマ字の「Ｔ」の形（右投げなら頭
からが右足までが横のライン、股関節から左足までが縦のライン）
をイメージさせると良いでしょう。Ｔ字を意識すれば全身でバラン
スを取ろうとするため、ヒジも勝手に上がってスムーズに腕を振る
こともできます。

　３（ボールの回転）は上半身の使い方になります。基本はキレイ
な縦回転を掛けて真っすぐ投げること。これを普段のキャッチボー
ルなどで意識するのはもちろん大切ですが、子どもたちはいくら投
げても回転が横や斜め、あるいはグチャグチャになってしまうこと
も多いので、まずは指でパチーンと真っすぐボールを離す感覚をつ
けることも必要です。その方法としてオススメしたいのは、ダーツ
のようにボールを投げる練習。投げる方向に対して体を斜めに向け
て立ち、ボールを持った腕は真っすぐ向けて上げる。そして、ヒジ
を曲げてボールを耳元まで持っていったら、準備は完了。この状態
から腕（ヒジから先）を振ってボールをポーンと離していきます。

　ボールを投げる動作では「前で離せ」などと言われたりしますが、
実際に体の正面で腕を振るということはありません。体の構造上は
やや斜め前に腕を伸ばした状態が自然で、むしろほぼ真横に近いく
らいのイメージです。この位置がいわゆる"ゼロポジション"（肩

甲骨と上腕骨がキレイにハマり、その間の筋肉もバランスが取れている状態）であり、腕だけを無理に体の前へ持ってきて力いっぱい振るというのは効率が悪い。要は、腕の動きとしては曲げ伸ばしをしているだけで、体を回転させながらその角度でボールを離せば良いのです。ダーツの練習は体を回転させないので動きはすごくシンプル。正しい腕の振りと、リリースの瞬間に指でボールをキレイに弾く感覚を身につけやすいと思います。

　腕の振りにおいては、体を回転させるタイミングで肩のラインの一直線上にヒジがあるかどうか。指導者がこれをチェックしておくと良いでしょう。最初からボールを耳元まで上げておけば、体を回したときに腕が外旋してヒジが少し上がり、自然とゼロポジションにも入ります。あとはそのままの勢いで腕が振られながらヒジを伸ばしていくだけで、自然と上からボールを叩けてキレイな縦回転を

リリースについてよく「前で離せ」と言われるが、腕を体の前へ持っていくということではない。腕の動きはあくまでもダーツを投げるときと同じで、ボールを離すのは体の面のほぼ真横（やや斜め前）。この角度は常に変わらず、体を回転させることで実際にはリリースの位置が前（本塁寄り）になるという話だ

与えることができます。一方、まだヒジが肩のラインまで上がって
いないのに体を回してしまうケースがよくありますが、これだと腕
がスムーズに振れず力がしっかり伝わらない上に、肩やヒジに大き
な負担が掛かってしまいます。だからと言って指導者が「ヒジを上
げなさい」などと変にアドバイスをすると、今度は無理に上げよう
として肩のラインよりも高い位置に来てしまいます。ヒジの上げす
ぎもまた、力の伝わる方向（ベクトル）が変わって肩やヒジを痛め
やすい。最初のうちは「良い・悪い」の感覚もないので、正しいポ
ジションを形として教えてあげることが大事です。

　なお、小さい子の場合は力不足でボールの重さにも慣れていない
ため、しばらくはヒジを下げて体の近くから押し出す砲丸投げのよ
うな使い方になることが多く、ある程度はヒジが下がってしまうの
も仕方ありません。ただ、正しい位置に持ってくることを習慣づけ
ておけば、体の成長や身体能力の向上に応じて自然とキレイにヒジ
を上げられるようになってきます。

ヒジが十分に上がって
いない状態で体の回転
が始まり、大きな負担
が掛かってしまうケー
スは非常に多い。基本
は、体を回転させるタ
イミングでヒジが肩の
ラインの一直線上にあ
ること。これができて
いれば、あとは体を回
すだけでスムーズに腕
が振れる

まずはバランスを重視してキャッチボールを行う
その後は多くの引き出しから自分に合った練習を探す

普段のキャッチボールなどで３つのポイントを意識して投げ続けていると、だんだん「腕で投げる」ではなく「体で投げる」という感覚が生まれてきて、小学生の早い段階から土台を作ることができます。そして、たとえば遠くへ強いボールを投げるときなども全身をバランスよく使うようになり、「そんなに力を入れなくても腕は自然とビュッと鋭く走っていくんだな」ということが実感できると思います。のちほど触れますが、投手にとってはこの力加減を知ることが非常に重要で、とにかく力んで投げているうちは、たとえ強いボールが投げられたとしてもコントロールが利きません。

練習では、まずはバランスの良い投げ方を身につけることが大切なので、ボールの回転以外の要素——「速い球が行った」「遠くへ投げられた」「狙った的に当たった」といった質の部分については考えなくて良いでしょう。もちろん、遊びの中で遠くへ投げたり、小さな的を狙ったりするのは良いと思いますが、常にこれを意識しているとボールを離した後のことが気になり、体の使い方が変わってバランスが取れなくなってしまいます。したがって、流れとしてはダーツの練習で腕の振りの感覚を養ったら、まずは近い距離でキャッチボール。昔からよく言われているように「相手の胸を目掛けて投げる」というのが基本で、片脚を上げて立ち、真っすぐ相手に向かっていき、片脚で立ってフィニッシュという動作を反復していくのが良いと思います。

近い距離のキャッチボールで感覚を養ったら今度は少しずつ遠くへ離れていくわけですが、どんな距離であっても体が進んでいく方

向性は重要です。踏み込み足（右投げなら左足）を真っすぐステップさせないと力を伝える方向が変わり、投げる前には体が内側や外側へ捻られて回転動作も始まってしまうので、コントロールもバラバラになります。特に子どもの場合は真っすぐ踏み込めていないことが多いので、地面に線を引いてそこに足を乗せる意識をしたり、あるいは誰かに後ろ（二塁側）からポンッと軽く押してもらって、真っすぐ向かっていく感覚を養っていくことが大切です。なお、理想を言えば踏み込み足のつま先も真っすぐ向けたいところですが、やや内側に閉じている程度ならヒザがしっかり止まって力が逃げないので、決して悪くはありません。ただし、つま先が大きく内側へ向いていると体重を乗せ切れず、外側へ向いているとヒザが開いて力が逃げてしまうので、「できるだけ真っすぐ向ける」というのは基準にしておくと良いと思います。

　キャッチボール以外ではネットスロー、シャドーピッチングや遠

投げる方向へ真っすぐステップしなければ、ベクトルが変わってスムーズに力を伝えられない。したがってラインを地面に引いて方向性をイメージし、そこへ足を乗せて投げる習慣をつけておくと良い。つま先は真っすぐ向けるのが理想だが、やや閉じ気味でも問題ない

投、内野ノックを受けてからのショートスローなども積み重ねていくことが大切です。また近年の環境ではなかなか難しいですが、個人練習としてはできれば壁当てがオススメ。跳ね返って転がってきたボールに対する守備の練習もできるので、非常に効率が良いと思います。

ネットスローについてはそもそもボールの軌道が分からないので、基本的にはバランス重視。キレイなフォームで強いボールを投げることを意識すれば良いでしょう。ネットの向こうに鏡を置いて、投げるたびにフォーム全体を確認できると理想的です。

腕の振りを鋭くしたいのであれば、有効なのはシャドーピッチングです。打撃で例えると、よく「重いバットをブンブン振った後に普通のバットで素振りをすると軽く感じる」などと言われますが、錯覚を起こして速く振れているような気になるだけで、実際にはスイングスピードは変わりません。逆にノックバットやカラーバット、細い棒などの軽いものを振っていくと、筋肉の中の神経が刺激されて「鋭く振る」という使い方を覚え、スイングスピードは速くなります。これを投球に置き換えると、腕の振りや体の回転のスピードを上げるという目的においては、重いボールを持って実際に投げるよりも、タオルなどの軽いものを持ってシャドーピッチングをするほうが良いということになります。

また、体の使い方を覚えるという点では、逆にゆっくりと動くスローピッチング（第4章P126参照）も効果的です。通常のシャドーピッチングは動きが速いため、細かい部分を流れに任せることができますが、理想的な動きでゆっくり動くとなると使い方をしっかり理解していなければならず、ごまかしが利きません。そこから体の使い方を考えるようにもなりますし、出力がかなり低いのでケガ

をしにくく、さらに筋力トレーニングにもなります。

　なお、遠投は体を大きく使って出力を発揮する感覚を養うことができますし、内野ノックを受けてからのショートスローでは下半身でリードしながら全身を連動させたり、上半身を無駄なくコンパクトに使ったりという感覚を身につけることができます。

　こうしたさまざまな練習法にはメリットだけでなく、もちろんデメリットもあります。たとえば、シャドーピッチングではボールを持って投げるわけではないので「実際の投球とは動きが微妙に違う」と考え、やらない人もよくいます。また、軽いものを持っている分だけ腕を振るスピードが上がるわけで、逆に手が飛んでいくほどの高い出力になって肩などを痛めてしまう可能性もないとは言えません。あるいは遠投に関しても、実際の投球とは体の使い方が違うからやらないという人がよくいます。プロの世界でも「キャッチボールは基本的に40メートル以内に収める」という人がいますが、たしかに40メートル超の遠投になると力のベクトルが変わり、肩の角度も大きくなるのでマウンドからの投球にはつながりにくいものです。

　ただ、それらはあくまでも本人がメリットとデメリットをどちらも理解した上で「合う・合わない」を判断したもの。決して全員に当てはめる必要はなく、まして指導者が最初から「やるな」と制限するものではありません。実際に私は現役時代、いろいろな練習を試してロングスローもショートスローも両方やらないとダメなタイプだと分かったので、よく遠投をしたりノックを受けたりしていました。大事なことは、自分に合う練習法や調整法を見つけられるかどうか。そのためにも、小学生のうちはむしろさまざまな練習に取り組み、引き出しを広げておいたほうが良いと思います。

体への負担のカギを握るのは"球数"ではなく"出力"
力加減を知ることでコントロールは良くなる

　小学生が行う学童野球（軟式）やリトルリーグ（硬式）では、基本的に1日の投球数や連投などに対してルール上の制限があります。もちろん、日常生活では起こり得ない「ボールを投げる」という動作は少なからずケガのリスクが伴うもの。実際には全力で1球投げるだけでも、利き腕の毛細血管はブチブチ切れて出血を起こします。

　ただし、ボールを投げなければ感覚を養えず、技術を覚えられないというのもまた事実です。当然、骨も筋肉もまだまだ発達段階なのでオーバーワークにはより注意しなければなりませんが、その中でいかにボールを投げて技術を習得していくか。ここが上達のカギになります。

　ここで1つ、私の体験談をお伝えしましょう。

　私は幸いにもプロ入りするまで一度も大きなケガをしなかったのですが、熊本市立（現・必由館）高校時代には投球数に関してかなり過酷なノルマがありました。1週間で言うと月曜は休養に充てながらも、火＆水で計500球、木＆金で計500球。平日で合計1000球を投げ込み、土＆日のダブルヘッダー2試合ずつをすべて先発して4完投。そんなスケジュールをこなしていたため、「常に全力で投げていたら体を壊してしまう」と判断して「5割ピッチング」を実践しました。要はマウンド上でもキャッチボールの延長のつもりで、5割くらいの力加減で軽く投げていったわけです。もともと小さい頃からキレイなフォームだと言われてきたこともあり、ケガをしなかったのは運が良かった部分もありますが、これで肩やヒジへの負担はかなり抑えられたと思います。そして、ずっと続けていく

うちに "キレのあるボール" を投げる感覚もつかんでいきました。

　ここまで投げ込むのはさすがに極端なので真似しないほうが良い と思いますが、全力投球を続けていたらこのスケジュールは一度も こなせず、どこかで絶対にケガをしていたと思います。「5割ピッ チング」を覚えたからこそ実現できたというのは間違いない。つま り、体への負担を大きく左右するのは "出力" だということです。

　そう考えると、近年は試合での投球数の制限などもよく話題にな りますが、1球ずつの強度にかかわらず一律に球数だけで線引きし てしまっているというのは、理に適っていません。たとえば、チー ム内で「1日トータル100球まで」とルールを決めたとしましょう。 実際、小学生で毎日100球を投げ続けるケースはそうそうないと思 いますが、その数字はさておき、この100球が全員すべて全力投球 をするという前提であれば、話は分かります。しかし、マウンド上 でもキャッチボールの延長の感覚で投げる投手がいた場合、100球 以上でも問題ないように力を上手く調節して投げているわけですか ら、100球に制限する意味はあまりないと言えます。また、そもそ も全力で投げるキャッチボールや遠投、ネットスローや捕手を座ら せずに行う立ち投げなどは細かくカウントされないことが大半で、 ルールを決めても単に「試合やブルペン投球での球数を抑えればそ れで良いんだ」という発想になるだけで、実際には他の練習をやり 込みすぎて負担が軽減されないという可能性もあります。

　オーバーワークになるのは当然ダメですが、マウンド上から投げ る球数だけで「投げすぎかどうか」を判断することは非常に難しい のです。もちろん投球数やイニング数などが疲労度の目安になり、 選手を潰さずに済んで助かったという指導者もいるとは思います。 ただ、逆に子どもたちが不完全燃焼に終わり、成長できるチャンス

を逃しているというケースも多々あるでしょう。したがって、特に指導者は球数に目を向けるのではなく、「出力を抑えた投球」を推奨していけば良いのではないかと思っています。そして、どうしても球数が気になって反復練習が滞ってしまうようであれば、キャッチボールの延長でバランス重視の立ち投げやネットスローをしたり、タオルなどを持ってシャドーピッチングをしたり。全力投球に比べれば出力はものすごく減るので、そこで投球フォームや感覚を身につけていくのが良いと思います。

　もう1つ、「出力を抑えた投球」にはメリットがあります。力の出し方を覚えることによって、コントロールが良くなるということです。

　小学生のうちは、安定してストライクを取れるかどうかが投手と

マウンド上でもキャッチボールと同じような感覚で「出力を抑えた投球」ができるかどうか。自分にとって最もバランスを取れる力感で投げればコントロールが安定し、さらにケガのリスクも抑えることができる

しての基準になることが多いと思います。また中学生になった時点で「とにかくがむしゃらに全力投球をするだけ」というスタイルだと、その後も思春期で体がさらに成長して出力が上がるのでケガにつながりやすく、さらに中学野球では変化球も加わるのでコントロールを身につけるのもより難しくなります。ですから小学生の段階で目指してほしいのは、ストレートを狙ったゾーンへある程度投げられるようにすること。内角と外角、高めと低めなどにハッキリと投げ分けられれば上出来です。

　そしてコントロールを向上させるポイントはやはり、自分に合った力加減を知ることです。これは人それぞれで、たとえば先述の私のように5割くらいで投げるのがちょうど良い人もいれば、6割くらいの感覚だと良い投球ができるという人もいます。逆に10割の力を出してもコントロールが利くというのであれば、それでも問題ありません。ただ、コントロールが悪い人というのは試合の中でもとにかく力んでしまっていることが多く、一般的には子どもから大人まで含めて「7〜8割くらいの力加減で投げると良い投球ができる」という人が圧倒的に多いと思います。

　それを知るためには、投球練習の中で段階を踏んでいくのが良いでしょう。まずは2〜3割くらいの力でど真ん中（もしくは捕手が構えたところ）を目掛け、3〜5球ほど続けてストライクが取れるかどうかを試してみる。それができたら今度は出力を上げ、5割の力でやってみる。それでもストライクがポンポンと取れるのであれば、次は6割、7割、8割…。そうやって軽い投球から少しずつ出力を上げていけば、何割くらいの力だと一番コントロールがブレずに投げ続けられるのかが分かってきます。また練習の中では、逆に全力投球をすることも大切。自分の上限を知ってこそ、出力の幅を

把握することができるからです。ただし、常に10割の力で投げ続けていると、コントロールもボールの強さもその日の調子の良し悪しに左右されるだけで、技術を身につけることはあまり期待できません。しかも出力を高めている分、ケガのリスクも高まってしまいます。一方で、「投げるボールをもっと強くしたい」という気持ちもあると思いますが、その場合は自分が発揮する出力を10割に上げるのではなく、コントロールがブレない力加減はキープしたまま、シャドーピッチングなどで腕の振りそのものを鋭くしてあげると良いでしょう。ボール球ばかりでは試合にならないですし、特に小学生のうちはやはり、体をバランスよく使ってコントロールを身につけることが大切。そこに体の強さやキレをつけて、投げるボールの質が勝手に上がっていくという段階を踏むのが良いと思います。

　コントロールについてもう少し話をすると、大事なのは結局、体をコントロールできるかどうかです。乱れているときは体の動きがブレていたり、また足を踏み出す方向がバラバラだったりと、やはりコントロールが悪くなる投げ方になっているもの。そこを修正すれば改善できるはずですし、体の土台ができればよりブレは少なくなるので、投球に必要な筋力をつけるというのは必須と言えます。投球フォームを追求することも大事ですが、そもそも十分な筋力がなければ実現できない動きもあるので、トレーニングなどで体を作っていくことは欠かせません。

　それと技術面でよくあるのが、足場のことをしっかりと考えられていないケースです。たとえば小学生ではプレート（投手板）に足をすべて乗せている子をよく見ますが、真上に置くとグラグラしやすい。また、プロの世界だとプレートに足を少し掛けることで並進運動を強くしている人もよくいますが、実はこれもブレやすいとい

うデメリットがあります。一番良いのは、プレートの横に沿う形で軸足（右投げなら右足）を置くこと。そして、プレートの端に軸足の外側をくっつけた状態で出ていくとステップも安定します。

　また小学生の場合は投手が投げる距離も短いため、キレイに整ったマウンドから投げられるわけではありません。土がボコボコになっていたり、あるいは滑りやすい状態になっているというケースもあるでしょう。したがって、投げる前に足場を整えることも大切です。さらに、試合が始まると対戦相手も含めて複数の投手がマウンドを使うので、足場は少しずつ掘られていきます。プレートの横に軸足を置いたとき、つま先側が下がっていると体は前へ倒れやすくなり、カカト側が下がっていると後ろへ倒れやすくなる。これが投球フォームのバランスを欠く原因にもなってしまうので、足場をできるだけフラットな状態にならして、普段のキャッチボールに近い投げ方ができるようにしておくことが大切です。

コントロールを安定させるためには、まず足場を安定させることが重要。基本は軸足をプレートの横に沿わせる形。また、つま先側やカカト側に傾くとバランスが崩れるので、できるだけフラットに整えておこう

野球以外のスポーツや遊びなどで運動神経を養っておく
自重を使った筋力トレーニングで体を鍛えることも大事

　現代の子どもたちの傾向として、骨折などの大きなケガをすることがすごく増えてきたような感覚があります。昔は基本的に外遊びが多かったこともあり、いろいろな動きの中で自然とバランスが整って体も鍛えられていたのでしょう。もちろん、鬼ごっこやドッヂボールなどは今も変わらず続いているとは思いますが、公園などでの遊びにも制限がある時代ですから仕方ありません。ただ、特に野球の場合は複雑な動作も多く、「運動は野球だけ」となるとケガのリスクも高くなってしまう。どれだけ入念に準備運動や体のケアなどをしても、それはあくまでも予防であって、プレーの中でケガをする人はやはりするものです。だからこそ、他のスポーツなどにも積極的に取り組み、いろいろな体の使い方を覚えながら鍛えておいたほうが良いと思います。

　また、普段の遊びの中でも体を強くすることはできます。たとえば木登りや鉄棒などはすごく良いトレーニング。全身を使いながら、インナーマッスル（体の深層部にある小さい筋肉）もアウターマッスル（体の表層部にある大きい筋肉）もまんべんなく鍛えることができるのです。さらに、人間の発育発達において神経系は5歳くらいまでに大きな成長を遂げ、そこからは緩やかな成長曲線を描くと言われています。そういう意味では小さいうちからさまざまな運動で感覚を鍛えておいたほうが良いわけで、小学生の段階でも引き続き、バランス感覚などを磨いておくことは大切です。

　そして、しっかりと筋力トレーニングを積むことも重要です。「骨や筋肉が成長している段階なのに筋トレをやって大丈夫か」と心配

になる人がいるかもしれませんが、軽い負荷のものであれば問題ありません。むしろ、適度なトレーニングで体に刺激を入れると成長ホルモンの分泌を促せるので、成長期だからこそやってほしいと思っています。気をつけなければならないのは、数を増やしてオーバーワークにならないようにすることと、トレーニングを高負荷にはしないこと。ダンベルやバーなどの重いものを使うと確実にケガに近づいてしまうので、絶対にやめましょう。もちろん、成長が早くて体がすでに出来上がっている場合は別ですが、基本的に小学生のうちは器具を使わず、自重（自分の体重）だけのトレーニングで必要な筋肉が十分に鍛えられます。

　トレーニングの内容ですが、野球の動きにつなげるということで考えると、私が推奨しているのは体幹トレーニングです。

成長ホルモンの分泌を促す意味でも、小学生の段階で軽い負荷の筋力トレーニングを行うことは大事。投球につなげるためには体幹やダッシュ系、ジャンプ系のトレーニングが効果的だ

　なぜ大事なのかと言うと、野球の場合は特に回旋運動が特徴的な
スポーツだからです。投球動作において大きな力を発揮するのは下
半身の各関節（股関節・膝関節・足関節）の伸展作用なのですが、
その前には必ず「体を捻る／捻り戻す」という回旋運動が入り、右
側と左側で少し違う動きをしながら対角の筋肉を上手く使わなけれ
ばなりません。これはすごく体のバランスが崩れやすいもので、回
旋から伸展へと力を伝える際に動きがブレないようにするためには、
絶対的な筋肉の厚みが必要になってきます。その部位こそが、全身
をつなげている体幹（全身から頭と手足を除いた胴体部分）という
わけです。

　また、伸展作用が強ければ強いほど投球のスピードを上げること
ができるので、それを促すトレーニングも重要です。メニューとし
ては階段ダッシュやジャンプ系（スクワットジャンプ、ランジジャ
ンプ、サイドジャンプなど）が有効。地面からの反力をもらって高
く跳ぶことで、強い伸展作用を促すことができます。もちろん、短
い距離のダッシュなどでも良いでしょう。子どもの頃は「足が速い
＝運動ができる」という評価になりやすいものですが、要は体の使
い方や力の伝え方が上手だということ。つま先で地面を掻くように
走ったり、カカトに体重を残すように走ったりするのは効率が悪く、
真上から足をパーンと落として無駄なく地面から反力をもらえるよ
うになれば足は速くなります。その感覚を養うという意味では、縄
跳びなども良いトレーニングになります。

　なお、野球界ではよく"走り込み"を行うケースがあります。し
かし、心肺機能は中学生あたりで一気に発達するもので、伸び率で
考えると少なくとも低〜中学年の小学生にはあまり必要性がありま
せん。「下半身が安定するように」「スタミナをつけて投球時に息が

上がらないように」「根性がつくように」といった意味合いも込められているのだとは思いますが、それだけなら別のトレーニングでも良いわけで、より投球につながるメニューを考えたほうが効率的です。

ウォーミングアップ、クールダウン、リカバリーなど 体のケアを心掛けておくことでケガを予防する

　練習における注意点として私が伝えたいのは、とにかくオーバーワークを避けてほしいということです。小学生の場合は学年によって体格も大きく変わりますし、その中でも成長が早い人もいれば遅い人もいます。全員共通で同じ体力を備えているわけではないので、全体練習の量などは指導者が思い描いているよりも少なくする必要があるでしょう。特に人数が少ないチームの場合、3〜4年生が5〜6年生と一緒に練習せざるを得なかったりもしますが、「6年生のレベルに揉まれて成長するだろう」という発想は危険です。みんながこなせるギリギリのラインを指導者が見極め、まだ体力が十分に残っている子に関しては個別で自主的に練習。ケガを防ぐためにも、そして技術を向上させるためにも、一人ひとりに応じた練習ができる環境を作ってあげることが大切だと思います。

　ケガの予防という観点では、体のケアも大切です。大人がいくら細かく動きを見ていても、実際にケガをするかどうかというのはなかなか判断できないもの。ですから、子どもたちが自分でしっかりと意識する必要があります。そして、指導者にできるのは準備運動やストレッチを促したり、また子どもたちが張り切りすぎているときにストップを掛けたりと、ケガをする前に注意してあげることかなと思います。

　普段から心掛けてほしいことで言うと、まずはウォーミングアップ。子どもの場合、グラウンドに出ていきなり全力で動き出すという光景もよく見ますが、何もしないというのはさすがにリスクも高いので準備運動はしたほうが良いです。ただし、特に低学年の子などはいろいろなものに興味を持ち、基本的には集中力が切れやすいもの。入念な準備運動を促しても逆に長くは続かないので、短い時間で区切って最低限のことだけやれば良いと思います。たとえば軽く走って体を温めたら、キャプテンの掛け声に合わせていくつか簡単なストレッチをするとか、ラジオ体操第一をしっかりやるなど。できれば動体操で刺激を入れるのが良いですが、関節（首、肩、ヒジ、手首、股関節、ヒザ、足首）をしっかり動かせば自然と全身がほぐれてきます。ちなみに気温の低い真冬などは、ジョギングと通

学年によって体格差や能力差が表れやすい小学生の場合、全員が同じ練習をすることによるオーバーワークには特に気を付ける必要がある。準備運動やストレッチなど、日頃から体のことを気遣う習慣はつけておきたい

常の体操だけでは体を温めるのに時間が掛かります。だからと言って、鬼ごっこやサッカーなどは夢中になりがちで、大きなケガをする可能性も出てくる。ですからヒートトレーニング（短いインターバルで高負荷の運動と休憩を繰り返して代謝を促すトレーニング）のようなイメージで、「屈伸10秒（休憩10秒）、伸脚10秒（休憩10秒）、モモ上げ10秒（休憩10秒）…」などと短時間で汗が出るようにするのも1つの手です。

　一方、練習後にはクールダウンも必要です。ただ、細かくやっても小学生にはなかなか浸透しづらいと思うので、グラウンド1〜2周ほど走ってから簡単なストレッチをする程度で構いません。軽く走るだけでも体が温まり、筋肉に刺激が入ってほぐれやすくなります。そしてストレッチは、たとえば下半身なら前屈・開脚・モモ前伸ばしの3つ。上半身なら肩まわりを2種類（頭の上でヒジを押さえる、胸の前でヒジを押さえる）と、あとは首を前後左右、手首を前後にしっかり伸ばす。これくらいでちょうど良いでしょう。

　なお、普段のストレッチは、バランスの良い姿勢を作るという意味でも大切です。小学生の段階ではまだ筋肉がガチガチに固まることは少なく、基本的に体が硬すぎて動かないという人はいないと思います。たとえば前屈や開脚ができない子はよくいますが、それは体が硬いというよりも、体の使い方の問題です。前屈では背中だけを丸めようとするから上手く曲がらず、開脚では両足を左右に広げることだけ考えるから上手く開かない。しかし、骨盤の位置を意識して「股関節を動かす」という感覚を理解するだけで、モモの付け根あたりからパタッと上体を折ったりスッと両脚を開いたりできるようになるのです。

　これは野球の動きでも同じです。たとえば子どもたちがゴロを捕

るときに両足をしっかり広げられず、腰高の姿勢でミスをしてしまうシーンはよくありますが、そこで指導者が「腰を低くしろ」「ヒザを曲げろ」「お尻を落とせ」などと言うと余計に変な姿勢になります。実際のところ、捕ってからすぐに投げることを考えると、低い姿勢からでは次の動きが遅くなるため、腰の位置はある程度高くなければいけません。それと同時に、開脚＋前屈の姿勢を作ってボールを前で捕れれば良いのであって、大事なことは股関節がしっかりと曲がっているかどうか。その感覚さえ分かっていれば、体が少し硬くても良い姿勢を作ることはできます。

　あるいは投球や打撃でも、構えたときに骨盤が後傾しているとヒザが前に出てお尻が落ちますが、前傾していればお尻がグッと後ろに下がって股関節に自然とシワが作られ、そのままステップするだけでいわゆる"割れ"の状態ができます（第4章P110参照）。股関節で軽く物を挟むようなイメージで、全体のシルエットとしては平仮名の「く」の字。そうするとお尻やハムストリングスの筋肉を上手く使えるようになり、しっかりと力を伝えられる。股関節の使い方が分かれば、やはりバランスの良い姿勢が取れるようになるわけです。

　さて、体への負担という部分では、小学生の段階で軟式野球をするか硬式野球をするかというのも、もちろん影響してきます。硬式ボールのほうが硬くて大きくて重い分、単純に体への負担は増えるでしょう（ただし、投手が投げる距離は14.02メートルで、軟式野球よりも約2メートル短い）。骨の成長がついてこなければ、いわゆる「野球肩」や「野球ヒジ」になるリスクもあります。その一方で、「中学野球や高校野球で硬式をやって早くから活躍したい」と考えている場合は、硬式ボールでの野球に慣れているということが

　間違いなく大きなアドバンテージになります。成長も人それぞれで
すし、どちらが良いと言えるものではないのですが、メリットとデ
メリットを踏まえた上で選択するのが良いと思います。

　最後に、リカバリーについて。栄養の摂取や水分補給、また十分
な睡眠で脳や体を回復させることは非常に大切です。現在はその重
要性もかなり広まっているので、昔のように「水を飲むな」「寝る
間も惜しんで練習しろ」などと言われることもないでしょう。ただ
栄養に関して言うと、子どもの運動量の多さ、基礎代謝の高さを考
えた場合、通常の食事だけでは追いつかないと思います。また好き
嫌いがあって栄養バランスが偏るケースも多く、特に野菜や果物な
どは不足しがち。ですからプロテインやサプリメントなどの栄養補
助食品も使いながら、しっかりと栄養を摂って疲労回復・成長につ
なげてほしいと思います。

第2章

基礎編②
(中学生の技術とトレーニング)

応用へ移行して、軽い負荷のウエイトトレーニングも開始
刺激を入れながら上半身から下半身までしっかりと鍛える

　続いては、中学生の時期について話をしていきましょう。

　中学生は発達で言うと青年期のスタートにあたり、心身ともに大人になるための準備段階に入ります。野球界ではひと昔前まで、小中学生の段階ではとにかく基礎的な技術をしっかりと身につけ、高校生になってから応用に入るという指導が一般的でした。しかし、高校野球から先の世界を見据えるという意味では、もちろん人それぞれの成長に合わせながらではありますが、中学生の時点で少しずつ応用に移行しても良いと思います。

　また第1章でも触れた通り、運動面では心肺機能の大幅な成長が見込めるので、ランニングやインターバルトレーニングなどを積んでいくことも大事です。ここで一生分のものが鍛えられると思って、しっかりと取り組んでいきましょう。そして、走り込みにしても中・長距離走だけでなく階段ダッシュや短距離ダッシュを入れたり、ジャンプ系（スクワットジャンプ、ランジジャンプ、サイドジャンプなど）の要素も入れて「20秒間全力で動く→10秒間休む…」というインターバルトレーニングを8セットほど行うなど、メニューの中に「投球につながる筋力トレーニング」も上手く組み合わせるとより効率が上がります。

　それと同時に、本格的なウエイトトレーニングも開始して良いでしょう。今のところ、中学生からウエイトトレーニングに取り組むことはあまり提唱されていないと思いますが、第二次性徴（第二次成長）を迎えて身長がまた一気に伸びる時期なので、体型的には細長くなりやすいもの。それだけ骨が成長するということは、言い換

えれば成長ホルモンが過剰に出る時期だということです。その分泌をさらに促すために刺激を入れ、なおかつパワーもつけていくという意味では、むしろウエイトトレーニングをしたほうが良いと思います。

内容ですが、一般的なウエイトトレーニングの種目はひと通りやって問題ありません。ただし、高重量のものはまだ危ないのでやめましょう。たとえばベンチプレスやスクワットなどにしても、プレート（オモリ）はつけずにシャフト（棒）だけで行うこと。それでも20キロほどの重さはありますし、軽い負荷で正しい動きを意識することでバランスよく筋肉がついていきます。高校生以降ではおそらくウエイトトレーニングによる体づくりも必須になってくると思いますが、その土台を中学時代に作っておくわけです。

また、よく「下半身の強化が大事だ」などと言われたりもしますが、パフォーマンス向上を考えるのであれば間違いなく、上下・前後・左右と全身をまんべんなく鍛えたほうが良いです。バランスが偏ると体の使い方にも影響が出て、ケガのリスクも高まってしまいます。

そもそも、「野球は下半身から」というイメージを抱いている人は多いですが、私は逆に「上半身から」ではないかと思っています。いくら下半身を鍛えても、そこに上半身の動きがついてこないと強いボールは投げられません。また、それでも強引に腕を振った結果、ケガをしてしまうというケースもよくあります。逆に腕の力が強かったり、あるいは手首が強い、肩まわりが太い、背筋力がある、指先の感覚を持っている、関節が柔らかい…そういう選手は上半身の使い方が上手く、能力も高いものです。したがって、偏るのであればむしろ、上半身が強いほうが良いと思います。まずは上半身を強

化したり使い方を覚えたりして、その腕の振りの強さに合わせてバランスよく下半身も強化する。そうすると上下の動きが噛み合い、全身でしっかり投げられるのではないでしょうか。

　もちろん、一概に「腕の振りが速ければ良い」とは言えません。対打者のパフォーマンスということで考えれば、腕の振りが遅くてボールが速いか、腕の振りが速くてボールが遅いか。そのギャップがあるほうが打者は打ちにくいものです。ただ、やはり腕の振りが速いほどスピードにつながるのは確か。また、人それぞれの特長としてたとえば肩甲骨の使い方が上手だとか、手首の使い方が上手だとか、そういった部分でスピードを出せることもあるので、いずれにしても上半身の使い方と強化は大事にしてほしいポイントです。

大人になるための準備期間に当たる中学生の時期は、基礎からの移行も見据えて少しずつ応用の動きも身につけていく。心肺機能を鍛えつつ、ウエイトトレーニングなども開始すると良い

成長期だからこそ余計にケガの予防は意識したい
トレーニングで体のバランスを整え、投球フォームも追求

　小学生の頃から引き続きですが、成長期は特にケガをしないように気を付けてほしいものです。私は現役引退後、これまでプロの選手たちと関わってきたほか、福岡ソフトバンクホークスジュニア（小学5・6年）の監督をしたり、野球教室を開いたり、現在は独立リーグで指導をしたりと、さまざまな選手たちを見てきました。その中で感じているのが、過去にオスグッド・シュラッター病（いわゆるヒザの成長痛）や疲労骨折を経験したことがある人、あるいは左右の脚の長さが違う人、筋肉のつき方のバランスが悪い人などが、どのカテゴリーにおいてもそれなりに数多くいるということです。なぜそういう傾向があるのかと言うと、一番の原因はオーバーワークでしょう。実際に彼らの話を聞いてもやはり過去にものすごい量の練習を経験しており、無理してこなしてきた結果、ケガをしたり体のバランスが偏ったりしてしまったわけです。

　ちなみに、私も中学時代はかなり練習量の多いチームにいましたが、運が良いことにケガはしませんでした。ただ、毎日の練習で体力を全部使い果たしていたら、おそらくケガをしていたと思います。大事なことは、もちろん練習には全力で励みながらも、その後にしっかりとトレーニングが積めるだけの体力を残すこと。時間いっぱい、体力が限界に近づくまで練習をするというのは明らかにオーバーワークです。これは個人の意識だけではどうにもならないことでもあるので、指導者が上手く練習量や練習時間を調節し、全体練習後に選手たちが自主練習や筋力トレーニングに集中して臨めるような環境を作る必要があります。

　もしもケガの兆候が出てしまったとしたら、とにかく体を休ませるしかありません。中学生の場合、たとえば1年間で10センチ以上などと急激に身長が伸びる人もおり、そういうケースでは成長痛がつきものです。ここで無理をさせるとさらなるケガにつながってしまうので、まずは安静。成長痛にしても骨折にしても、痛みが出たら休まなければならないというのはすべてにおいて共通することです。アイシングをして圧迫するなど、できるだけ回復を早めるための対策はありますが、やはり長い時間は掛かってしまいます。だからこそ、とにかくケガを発症させる前に予防することは必須。普段から筋力トレーニングを行い、刺激を入れて成長ホルモンを促しておくことが重要だと思います。

　また、人間には利き腕や利き足があるため、左右の力も使い方もまったく同じということはなく、歩き方や走り方が最初からキレイに整っているケースというのは基本的にはありません。そして、何かしら動くたびにさらに少しずつバランスがズレていくものなので、それをしっかり整えるという意味でもウエイトトレーニングはオススメです。そもそも日常でも野球でも、オモリを持ちながらゆっくりとしたフォームでバランスよく動くということはないわけで、それを意識的に行うことによって体型や全身の筋力バランスは整っていきます。ウエイトトレーニングは「体を強化する」「刺激を入れて成長を促進する」だけでなく、「バランスを整えてケガを予防する」という部分でも有効。もちろん負荷が重くならないように注意は必要ですが、身長も左右差なく伸びていくようになりますし、成長期だからこそ早めに取り組んだほうが良いと思います。

　ケガとのつながりで言うと、中学生の場合はシニアリーグやボーイズリーグ、ヤングリーグ、ポニーリーグ、フレッシュリーグとい

った硬式野球を始める子も増えてくると思いますが、軟式ボールを扱うよりも負担が大きくなるので、体にはより気を遣わなければなりません。また実際、私の周りでも中学生の時点ですでに肩やヒジの手術をしていたという話を聞きますが、当事者は体型としては細長く、走り込みなどで下半身の強さは備えながらも上半身の筋力が不足していました。さらに、スピードは速いんだけれども投げ方が悪く、ヒジが下がった状態から腕を鋭く振ろうとするため、ヒジに過度なストレスが掛かって靭帯を痛めてしまうというのがよくあるパターン。そこにオーバーワークも加わるケースが多いです。

　ケガのリスクというのは、能力が高い人ほど大きくなります。筋力不足や投球フォームの悪さなどの課題を抱えていたとしても、能力でカバーして体に無理をさせながら高い出力を発揮できてしまうからです。逆に能力が高くないのであれば、低い出力で収まる分、投げ方に問題があってもおそらく一発で大ケガをするほどのことはあまりないと言えるでしょう。ただ、いずれにしても大事なのは、実際に発揮される出力に耐えられるだけの筋力をつけること。中学生の時期は体が成長して出力もグンと高まるので、やはりトレーニングで体を見直してしっかりと基礎を作っておくことが大切なのです。そして、もちろん各関節への負担がキレイに抜けるフォームで投げなければならないので、投げ方の追求というのも必須だと思います。

腕の使い方なども含めて自分に合う投球フォームを模索
どんな投げ方でも重要なのはトップの形を作ること

　投球フォームに関しては、中学生であれば心身ともに成長して少しずつ応用的な動きもできるようになってくるので、人それぞれに合ったフォームを追求しながら細かい部分を意識しても良いと思います。ただし、もちろん小学生の段階で身につけた基礎——3つのポイント（スタートの姿勢・フィニッシュの姿勢・ボールの回転）をもとにして狙ったところへ投げ分けるという技術は前提になります。

　一番手っ取り早いのは、プロの世界で活躍する選手などの真似をして体の使い方を覚えていくことです。たとえば上半身の使い方では、山本由伸投手のように腕を大きく引っ張って投げてみたり、あるいは千賀滉大投手のように腕を小さく畳んで投げてみたり。また彼ら2人の共通点として、ステップ時の下半身の内旋を真似してみたり。ある程度の筋力がついてくればそういう動作もできるようになってくるので、いろいろと試しながら自分に合う使い方を探していくと良いでしょう。ただし、指導者が「こうやって使いなさい」と強制するのは危険。見た目としては良い投げ方であっても、本人の中でバランスが取れていなかったり感覚が合わなかったりするケースはよくあります。

　もう少し具体的にフォームの話を進めていきましょう。

　先述したように昔はキレイな投球フォームが主流で、「両手をしっかり回して腕を大きく使って投げろ」とか「手を遠くへ持っていってヒジから上げろ」などと言われていました。ケガを予防するという点では、この投げ方は非常に良いと思います。ただし、「対打者」

のパフォーマンスで考えると意味合いが少し変わります。大きく使うことで打者からボールが見やすくなったり、タイミングが合わせやすくなったりするのです。打者から見づらくてタイミングの取りにくいフォームを目指すのであれば、ボールが体の近くを通っていくように腕を小さく使うことが必要です。その使い方を身につける方法としては、たとえば壁の前に立ってシャドーピッチングやキャッチボールなどを行うのが良いと思います（第4章P125参照）。

　一方で、できるだけケガをしにくいフォームというのもやはり大事です。投球動作の場合は基本的に肩やヒジを痛めるケースが多い

図1　肩関節を形成する骨とインナーマッスル

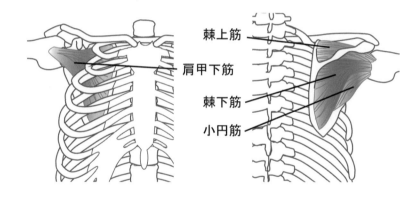

棘上筋

肩甲下筋

棘下筋

小円筋

ですが、その中でも広い可動域を持つ肩関節については、関節内の衝突を避けられるかどうかが肝心です。肩関節というのは肩甲骨の受け皿に対して、上腕骨の骨頭（球体）がカパッとハマることで形成されています。さらに関節内には細かい4つの筋肉（棘上筋・棘下筋・小円筋・肩甲下筋）、いわゆる「肩関節のインナーマッスル」

■投球フォームにおける腕の使い方

腕を大きく使って投げる

ケガを予防するという意味で考えると、腕を大きく回して投げるのはすごく良いフォームと言える。肩関節の衝突を避けることができる上、大きくて強いアウターマッスルをしっかりと使うことで高い出力も発揮できる。ただ、打者から見やすくなったり、タイミングが取りやすくなるというデメリットもある。

がついているわけですが、求心性（体の末端から中心に向かって力が伝わる性質。逆は遠心性）がなくなって上腕骨が前に出た状態になっていたり、あるいは肩甲骨と上腕骨の間のスペースが詰まった状態になっていたりすると、腕を上げたときに両方の骨がぶつかってインナーマッスルも挟まってしまいます。これがよく言われる「イ

腕を小さく使って投げる

「対打者」のパフォーマンスという意味で考えると、ボールが体の近くを通るように腕を小さく使うことが有効。ギリギリまでボールを体に隠して、打者にタイミングを取りにくくさせることができる。ただし、関節内が詰まって衝突を起こしやすく、またインナーマッスルにも負担が掛かりやすいというリスクもある。しっかりとトレーニングやケアをすることが大切だ。

ンピンジメント症候群」で、一般的な肩痛の原因です。逆に言うと、衝突しないようにキレイに腕を上げることができれば、肩のケガは基本的に避けられるということです。

　この理屈を踏まえて考えると、腕を小さく使おうとした場合はどうしても肩が上がりやすく、関節内が詰まって衝突もしやすくなります。逆に腕を大きく使おうとすると、肩を落とした状態のまま腕がやや遠回りしながら上がるため、関節内のスペースをしっかりと確保できて、衝突するリスクは少ないと言えるでしょう。ひと昔前の選手たちが"キレイな投げ方"として全身を大きく使ったフォームを目指していたのも、そこに理由があるわけです。特に練習での投げ込みが過剰になりがちだった数十年前などは、むしろそういう投げ方でなければ投手をこなせなかったのだとも思います。

　現在の日本では腕を小さく使うフォームが主流ですし、パフォーマンス向上を考えてそこを目指すのも自然だとは思います。ただ、少なくとも関節内が潰れながら腕を上げることにはなるので、トレーニングやケアは必須です。単に投げ方を身につけるというだけでは、上腕骨の骨頭の位置が暴れて必ずどこかにぶつかってしまいます。肩まわりなどの筋力をつけ、肩関節の柔軟性も高めて、スムーズに腕を回せるように準備をしなければなりません。

　なお、最近はテークバックの形として「スタンダードW」（手から先に上げたり腕全体を同時に上げていく回し方。横から見るとアルファベットの「W」の形）と「インバートW」（ヒジから先に腕を引き上げていく回し方。横から見るとアルファベットの「W」が反転した形）というワードも知られています。これも要は今まで話してきたことにつながる話で、前者は肩まわりのアウターマッスルを使って腕を大きく使えるので、肩やヒジへの負担が少ない。後者

は腕を畳んで小さく回すことになるので肩の衝突が起こりやすく、インナーマッスルにもより負担が掛かりやすいということです。

　と、ここまで腕の使い方を大きく2つに分けてきましたが、これは人それぞれに「合う・合わない」があるので、自分の中でちょうど良いところを探すことが一番大切です。見極めるポイントは、いわゆる"トップの形"にしっかり入ってから投げられているかどうか。たとえば大きく回そうとすると手が遠くへ離れていきますが、腕の動きが遅れてトップの形を作るのが間に合わずに投げてしまうということがよくあります。また、逆に小さく回そうとして手を体の近くに寄せすぎた結果、砲丸投げのようにヒジが肩のラインまで上がらずに投げてしまったり、無理にヒジから上げようとして肩ごと上げて投げてしまうということも考えられます。結局どんなフォームであっても、トップの状態に入ることができていなければ、その投げ方は合っていないということ。しっかりトップの形が作られ、そこから体の回転が始まることによってヒジが自然と外旋して少し上がり、ゼロポジションに入った状態で腕をスムーズに真っすぐ振ることができるわけです。そして、トップを作ってから先の動きというのは、どんな投げ方でもみな一緒。腕を遠くで回そうが、近くで回そうが、あるいは腕を回さず捕手のようにパッとトップの位置に持ってこようが、しっかりとトップの形を作ってタイミングよく投げられているのであれば何も問題ありません。サイドスローやアンダースロー、スリークオーターなども体の軸の傾きが違うだけで、トップの形やそこから先の腕の振りは基本的に同じです。

　トップの形は普段のキャッチボールなどを通じて、何も意識しなくても作れるように感覚を養っておくことが大事です。ボールを持った手が近すぎたり遠すぎたり、あるいは高すぎたり低すぎたりと

いう人もいるので、最初は指導者がしっかりと形を教えてあげると
良いでしょう。チェックするのは肩のライン上にヒジがあることと、
ヒジを曲げている角度。そして、キャッチボールも「しっかり相手
の胸に投げる→距離を短くしてクイックで捕ってからすばやく投げ
る→3人1組になってランダウンプレー」といった流れで進めると、
わざわざ時間を割いて練習しなくてもすばやくトップに入れて投げ
る感覚が自然と生まれてきます。

⚫ 正しいトップの形

✖ ヒジが上がりすぎ

✖ ヒジが下がりすぎ

✖ 手が頭の位置に近すぎ

✖ 手が頭の位置から遠すぎ

どんな投げ方であっても共通して重要なのは、正しくトップの状態を作れているかどうか。手の位置とヒジの角度をキープしたまま体の回転が始まれば、ヒジの外旋にともなって自然と少し上から叩くことができる。手が頭の位置から近すぎたり遠すぎたり、またヒジが肩のラインよりも高すぎたり低すぎたりしないように注意

体幹に近い部分の大きな筋肉をしっかり鍛えて
高い出力を発揮しやすい理想の体型を作っていく

　私が野球教室などで中学生と接したとき、一番多く質問されるの
が「速い球を投げるためにはどうすればいいですか?」です。もち
ろん子どもの頃から技巧派を目指す人もいるので、コントロールや
キレ、あるいは打ちにくいボールを投げるという部分を重視するの
も良いとは思います。ただ、やはり基本的にはスピードに興味を持
つ人が多いのだと思いますし、投げるボールが速いのに越したこと
はありません。

　実際の現場ではよく「スピードばかり求めるのは良くない」と言
われたりしますが、それは結局、スピードを出そうとしてコントロ
ールが利かないほどの全力投球をしてしまい、投球動作のバランス
にまで悪影響が出るからです。スピードを上げるというのはそうい
うことではなく、しっかりコントロールできるバランス重視の投球
を基本に置きながら、フィジカルを強化し、発揮される力の最大値
を高めれば良いのです。自分が出せる力の容量そのものを大きくし
ていけば、軽く投げたときの数値も単純に上がるわけで、自分の中
で「7〜8割くらいの出力」という感覚の投球を貫きながら、同時
にスピードを上げることができます。私の中学・高校時代などは残
念ながらチームがスピードガンを持っておらず、簡単に測ることが
できなかったのですが、現在はだいぶ一般的になっているわけで、
レベルアップの指標の1つとして大いに活用すれば良いのではない
でしょうか。

　さて、スピードを上げるという部分を含めてもやはりトレーニン
グで体を鍛えることはすごく大切ですが、特に重視してほしいのは

アウターマッスルです。投球動作ではよく「肩のインナーマッスルが大事だ」と言われています。ただ、チューブなどを使ってインナーマッスルを鍛えるのは、どちらかと言うとアフターケアの意味合いが強いです。最近は日本のプロ野球なども150キロや160キロのストレートが当たり前の世界になってきていますが、それだけ出力の高い腕の振りに耐えられる筋力をつけるためには、ダンベルで鍛えるならまだしも、チューブでインナーを鍛えるくらいでは間に合わないのです。そもそもインナーの筋力の強さや筋肉の厚みはたかが知れており、あくまでも投球後に日常生活へ支障をきたさないための予防にすぎません。逆に大きい筋肉であるアウターをしっかりと鍛え、その筋肉をしっかりと使って投げられるようにしておけば、高い出力にも耐えることができます。

　ちなみに私は現役時代、トレーニングでインナーとアウターのどちらを重視すべきか、実際に検証したことがあります。「今年はインナーをバリバリやっていこう」「この1年はインナーを一切やらずにアウターを鍛えよう」などと1年単位で極端に試したのですが、結論としてはインナーのトレーニングをまったくしなかったシーズンも問題なく、1年間投げ切ることができました。そしてむしろインナーに集中して取り組んだシーズンこそ、出力に耐えられなくなって神経のケガをしてしまった。出力がものすごく高いプロの世界だからこそ、余計にアウターを鍛え、アウターをしっかり使って投げなければならないと実感しました。ですから、もちろんインナーのトレーニングも大切なことではありますが、まずはしっかりとアウターを強化する。そして、予防のためにインナーを意識するという感覚が良いと思います。

　ここで、トレーニングと体型の関係性についても触れておきまし

ょう。

　基本的にスポーツ選手として目指したいのは、近位（体幹に近い側）の筋肉が太く、遠位（体幹から遠い側）の筋肉が細い体型。たとえば上半身で言うと、肩まわりが太くて大きく、手先に向かってだんだん細くなっていくというのが理想的です。また、下半身で言えば股関節やお尻のまわりが太く、足先に向かって細くなっていく。これが逆だと末端がかなり重くなるので、動きの効率が非常に悪くなってしまいます。わりと勘違いしやすいのですが、決して体幹そのものを太くすればいいということではありません。体幹にくっついている部位をしっかりと太く、そして強くしていくということです。

　そういう意味では、外国人アスリートなどはよく筋骨隆々としていますが、肩まわりやお尻まわりが大きくてグッと盛り上がっているので、やはり大きな出力を発揮しやすい体型と言えます。一方、日本人の場合は全体的に細い体型の人が多く、動きの効率は決して高くありません。だからこそ力を発揮しやすい体型に近づけたいわけで、昔から敬遠されがちではありますが、実はボディービルダーのように鍛えるのが最も理に適っています。なお、各関節の柔軟性も大事な要素ではありますが、硬いほうが出力そのものは上がるので、一概に柔らかければ良いとは言い切れません。大事なのは筋肉の強さと柔らかさのバランスです。

　トレーニングでは当然ながら、全身をまんべんなく強化していくことが大切。それを前提とした上で、上半身では三角筋（肩関節を覆う筋肉）の前部線維・中部線維・後部線維をバランスよく鍛えることがかなり重要です。昔は「肩まわりを鍛えすぎると腕が回りにくくなる」などと言われ、肩のトレーニングを外して腕をしっかり

鍛えるという考え方が一般的に広まっていました。しかし、そういった局所的なトレーニングだと体のバランスにも偏りが生まれてしまいます。実際、当時は肩が細くて腕が太いという人がたくさんおり、だから余計にケガをしやすくなっていたのでしょう。そもそも肩まわりを鍛えても腕が回りにくいということはなく、たとえばベンチプレスなどで前部線維をしっかり鍛えたとしても、腕を体の前に出してリリースするわけではないので、動作の妨げにもなりません。また後部線維はやや疎かになりがちですが、腕を振った際のブレーキングマッスルとして張りが出やすい部位のため、普段からしっかり鍛える必要があります。

　下半身もやはり全体的に鍛えたほうが良いですが、特にお尻やハムストリングスは重要です。投球動作は片脚で立ち、片脚で体を落

図2　三角筋の前部線維・中部線維・後部線維

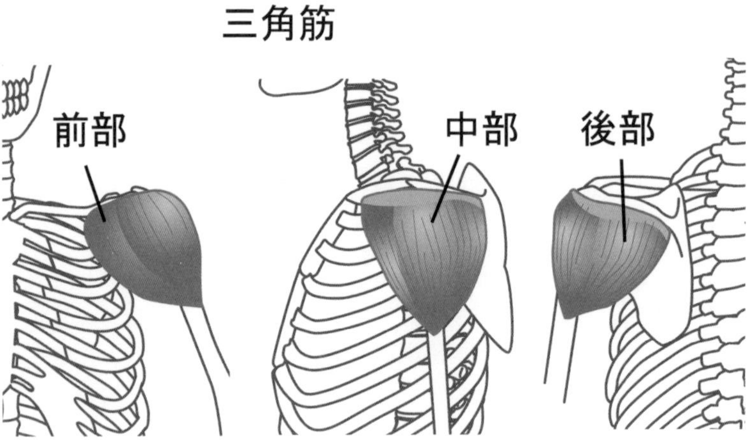

三角筋

前部　　　　　　　中部　　　後部

としながら加速させ、片脚で踏み込んでいくもの。いわば1球ごとにランジトレーニングの姿勢を取っているようなもので、それをしっかり支えるためにはお尻やハムストリングスの筋力が欠かせません。また、「ボールを投げ込むことで下半身が強化される」という考え方もありますが、それはあくまでも体が万全な状態での話。どこかに少しでも違和感がある場合、体というのは自然とその部位をかばいながらバランスを取って動こうとするもので、投げていくとだんだん疲弊して筋力は弱まっていきます。そして当然、投球数を重ねればパフォーマンスが落ちていく。先発投手が試合の後半になると疲労の影響を受けるというのもそういうことで、だからこそ普段からしっかりとトレーニングを積み、1試合を通して力が発揮できるように準備しておく必要があります。

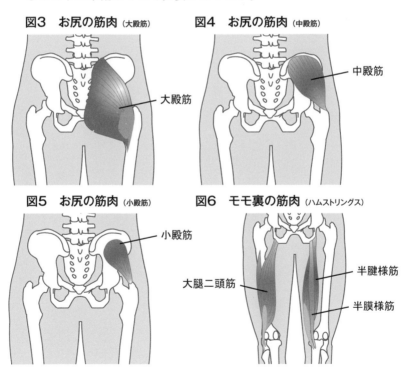

図3　お尻の筋肉（大殿筋）

大殿筋

図4　お尻の筋肉（中殿筋）

中殿筋

図5　お尻の筋肉（小殿筋）

小殿筋

図6　モモ裏の筋肉（ハムストリングス）

大腿二頭筋

半腱様筋

半膜様筋

　繰り返しになりますが、投球動作における出力には、近位である肩関節や股関節に付いている筋肉の発達が大きく関わってきます。そして細身が多い日本人であっても、トレーニングによって体型は変えられます。もちろん、プロ入りするようなレベルの投手の中には細くてもすごいボールを投げられる人がいますし、もともと強くて柔らかい"質の良い筋肉"を持っているのだと思います。ただ、それだけのポテンシャルを秘めているのであれば、筋力トレーニングをしっかりと積めばもっとすごい選手になれる可能性があるということです。実際、たとえば大谷翔平投手やダルビッシュ有投手にしても高校時代などはまだまだ細かったですが、そこからトレーニングを積み、プロ入り後は太く大きくなって大活躍をしています。「対打者」のパフォーマンスは別としても、少なくとも投げるボールのスピードやパワーという部分では、フィジカルの強化は間違いなく技術の向上につながります。

　ちなみに「体型を変える」というのはあくまでも筋肉の付き方の話なので、もちろん骨格を無理やり変えることはできません。筋肉をつけることで「見た目のシルエットを変える」というのであれば可能だということです。たとえば"なで肩"と"いかり肩"。私はどちらかと言うといかり肩なのですが、投手はなで肩のほうが良いと言われることがよくあります。これはおそらく、筋肉の成長によってなで肩になっている選手はものすごく能力が高いというケースが多いからでしょう。では、どうしてなで肩のシルエットが良いのかと言うと、僧帽筋（首から肩や背中の上部までつながっている筋肉）や首まわりの筋肉が太くなっており、それが投球時の肩甲骨の動きをしっかりと安定させるからです。実際、私は九州共立大学2年時に西武ライオンズの春季キャンプへ参加したのですが、当時プ

ロ3年目だった松坂大輔さん（元レッドソックスほか）を後ろから見たとき、「首まわりから背中にかけての筋肉がものすごく発達しているな」と感じたのをよく覚えています。また、2009年の第2回ワールド・ベースボール・クラシック（WBC）の日本代表では、松坂さんだけでなく田中将大投手（楽天）に対しても同じことを感じました。さらにダルビッシュ投手も同じチームにいましたが、当時から現在に至るまでかなり筋肉が発達しているので、まさに自分でトレーニングを積んで体を作り上げていったのでしょう。もちろん、いかり肩が悪いというわけではないのですが、投球に必要な筋肉を追求して鍛えていくと、自然となで肩に近づいていくのだろうなと思います。

図7　僧帽筋の上部線維・中部線維・下部線維

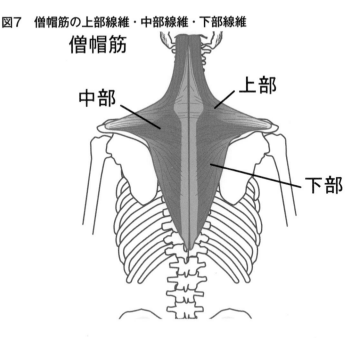

一流の選手になるためには能力だけでなく努力も必須
技術のポイントは肩甲骨の動きと踏み込んだヒザの伸展

　中学野球になると、たとえば球速が140キロなどを超えて「スーパー中学生」と騒がれる投手もあちこちで現れてきます。また、以前から「スーパー小学生」として注目されていた投手が、体の成長に伴ってさらにパワーアップしているケースもよくあります。ただ一方で、そうやって期待されていた選手が高校や大学で伸び悩み、先の世界でどんどん追い抜かれていくというのもよくある話です。

　では、能力が高いはずの選手がなぜ思っていたよりも伸びないのかと言うと、"一流の努力"には達していないことが多いからでしょう。現在、日本のプロ野球やメジャーリーグで活躍している選手たちというのは、基本的には"一流のポテンシャル"を持ち、なおかつ"一流の努力"を積んできています。能力だけに頼るのではなく努力も積み重ねなければ、一線級になることはできません。

　ここで言う「能力」とは、たとえば「腕の振りが速くてスピードボールが投げられる」とか「ボールの捉え方が上手くて打球を遠くに飛ばせる」といった要素であって、小中学生の段階で周りよりも成長が早くて体格に恵まれているという部分は含まれません。スーパー小学生やスーパー中学生たちもおそらく、単純に「体が大きい」「パワーがある」というわけではなく、そういう「能力」が突出していると判断されたから注目されてきたのだと思います。ただ、体の成長はいずれどこかで止まるわけですから、何も努力せずに年々、投球のスピードや打球の飛距離が上がり続けていくことはあり得ません。つまり、そこから先は"一流の努力"で成長しなければならない。もともと秀でている選手というのは周りとの大きな差を感じ

ている分、さらに貪欲に上を目指して努力するという部分が不足しがちです。しかし本来、そういう選手がひたむきに努力もすれば、周りの選手たちはまず敵わないと思います。

　能力の高い選手というのは少なからず、その素質の片鱗を小さいうちから見せているものです。たとえばプロ選手の幼少期の映像などを観ても、ボールを持った腕を後ろへ引いて本塁方向へ向かっていくときの肩まわりの柔らかさ、あるいはそこからの腕の使い方というのは、現在の形とまったく同じだということがよくあります。腕の隠れ方やしなり方、柔軟性…。もちろん、その後の努力である程度は身につけることも可能ですが、小さい頃からもともと本人の感覚として持っているというのは強みですし、こうした上半身の使い方はやはり天性の才能です。また大きな伸びしろを感じるのは、手足が長い選手や体が細長い選手。なおかつ、体が出来上がっていない段階でも肩やヒジの使い方がしなやかなら、体を鍛えれば確実に伸びていきます。

　なお、子どもの頃から大人まで共通する能力の高さの指標として、私が体の使い方の部分で重視しているポイントが2つあります。

　1つ目はボールがグラブから離れ、踏み込み脚をステップして体が前に行くときの肩甲骨の動きです。グーッと肩甲骨を背中側に寄せていきながら、腕がどれくらい引かれているか。さらに、どれくらい内旋が掛かっているか。このときの柔らかさがすごく重要で、硬い人は腕をパッと回してそのまま前へ出すしかないので、上体を倒す動きに合わせて腕もすぐに振られます。一方で、柔らかい人はグーッと胸を張りながら腕が体に隠れていきます。そして上体を倒すときも、腕が後方へしなりながら一瞬遅れて出てくる。その分だけ腕をスイングする距離が長くなるので、加速して大きな力を与え

ることができるのです。

　ただし、これは誰にでもすぐ真似できるというわけではありません。単純に腕がしっかり引かれている形を作ればいいわけではなく、自然にそうやって動ける柔軟性と腕の使い方の感覚が必要です。まずは胸を開閉させるストレッチやトレーニングで胸郭の柔らかさを出していき、肩が後ろへ入るようにする。さらに肩甲骨まわりの柔らかさも磨き、より可動域を広げていく。やらなければならないメニューには多くの項目がありますし、当然、それなりの年月は掛かるでしょう。また、ものすごく硬い人に関しては、やはり手技（手を使って直接ケアするマッサージなどの技術）でほぐしていくことが不可欠になります。

　2つ目は下半身の使い方。右投げで言うと、踏み込んだ左脚が投げ終わりにまったくブレず、地面をしっかりと捉えて壁のように力を受けられているかどうかです。そもそも中学生くらいまではまだまだ筋力不足もあり、踏み込み脚がグラついてすぐ動いてしまうことも多い。左ヒザが開いて体が一塁側へ倒れてしまったり、また左脚に力を乗せ切れず、体が遠回りしてフィニッシュでも右脚に体重が残ってしまうということもよくあるでしょう。ただ、そんな中でも左足を着いてからキレイに力を受けられている人を見ることがあります。そういう場合は筋力が上がれば上がるほど、投球で発揮される出力も高くなります。

　結局、投球フォームで肝心なのはボールにより大きな力を与えることであり、より強くリリースするために腕を鋭く走らせる必要があります。そのためには左足の着地からスムーズに地面反力をもらい、左脚（左ヒザ）の伸展でそれを上半身（体幹＋腕）へ一気に伝えることが大事です。つまり、着地して投げようとする瞬間はまだ

左ヒザがやや曲がっているのですが、リリース手前あたりで体をグーッと前へ持っていくときには一気に伸展していなければならない。左脚を壁にして下が一瞬でパッと止まることで上がパタンッとキレイに返り、地面から受けた力をすばやくリリースへと伝えられるわけです。

　こちらの動きは、トレーニングでもしっかりと身につけることができます。メニューとしては、たとえばランジ系。まずはフロントランジやサイドランジ、ランジウォークなどを自重でゆっくりと行い、その後はシャフトなどを使ってある程度の重さで負荷を掛けながら筋力をつけていく。また、これで遅い動きを養ったら、今度はランジジャンプなどで速い動きに転換。どちらも行うことで神経系にも刺激が与えられ、瞬発力も出てくるでしょう。あるいはプライオボール（重さが違う数種類のトレーニング用ボール）を持って高い出力でドーンと投げたり、メディシンボールを抱えながら投球フォームに合わせて左脚のステップ＆ジャンプをしたり。そうやって投球フォームに近い形へどんどん結び付けながら左脚がブレないように意識していくと、下半身が上手に使えるようになってきます。左ヒザの曲げ具合なども浅すぎず深すぎず、力をしっかりと受けながら一気に伸展できる角度が分かってくるでしょう。

■能力の高い投手が備える2つのポイント

Point 1
胸郭の動きと肩関節の柔軟性

踏み込み脚をステップして体が前に出ていくとき、肩甲骨を背中側にグッと寄せていきながら腕がどれくらい引かれて内旋していくか。ここで柔らかい動きができる場合は胸がしっかり張られて腕が体に隠れ、その後もしなりながら腕を振ることになる。その一瞬の遅れがあることでスイングの距離が大きくなり、より強くリリースすることができる。逆に胸まわりが硬くて肩甲骨の可動域も狭い場合、体の回転に合わせてただ腕を回すだけになるので、腕のスイングはあまり大きくならない。

○ 胸まわりや肩まわりが柔らかければ大きなスイングになる

▲ 胸まわりや肩まわりが硬いとスイングが小さくなる

Point 2
踏み込み脚のヒザの伸展

ボールにより強い力を伝えるためには、まずは踏み込んだ足が着地したときに地面をしっかりと捉え、大きな反力をもらうことができるかどうか。そして、ヒザを伸展させることで一気にそれを上半身へと伝えていくことが重要だ。踏み込み脚を壁にして下の動きがパッと止まることで、上がパタンッとすばやく返って腕も鋭く走っていく。この伸展作用を生み出すためにはヒザがやや曲がっているくらいがちょうど良く、角度が浅すぎても深すぎてもダメ。

◯ 踏み込み脚のヒザの伸展で下から上へ一気に力を伝える

◯ ヒザがやや浅めの角度であれば十分な伸展のスピードを生み出せる

△ ヒザの角度が深いと下半身は安定するが伸展作用は強くならない

投球のモデルチェンジにおいてフォーム転向は最終手段
少し変化をもたらすだけでも打者は打ちにくくなる

　さて、ここまで小学生のレベルから1つステップアップした話を
してきましたが、小学生から中学生、中学生から高校生、高校生か
ら大学生…と、ワンランク上のステージに上がったとき、おそらく
どこかのタイミングで大きな壁に当たり、それまでの投球スタイル
に限界を感じることが出てくると思います。そこでスパッと自分の
スタイルを諦めて新しい道が拓けるケースもあれば、壁に当たって
もこだわり続けていくことで最終的に花が開くというケースもある
ため、判断はなかなか難しいところです。ただ、「ストレートが通
用しない」「変化球が通用しない」など、投げているボールそのも
のがまったく通用しない状況になってしまったら、打者から見やす
いフォームやタイミングが取りやすいフォームになっている可能性
があるので、何かしら変える必要があるでしょう。

　とは言え、モデルチェンジにも段階があります。

　たとえば、普段はプレートの真ん中から投げているとしたら、ま
ずは立ち位置を変えてみると良いでしょう。一塁側から投げてみた
り、三塁側から投げてみたりと、ほんの少しズレるだけでも景色が
大きく変わります。ということは当然、打者からの景色も変わると
いうことで、微妙にタイミングがズレて打ちにくくなるということ
がよくあるのです。

　続いて、足の上げ方も変えてみましょう。最近では二段モーショ
ンなども認められるようになり、バリエーションは豊富です。ゆっ
たりと上げてみたり、あまり足を上げずにクイックで投げてみたり。
あるいは体から遠くへポーンと上げたり、体の近くでスッと上げた

り。これによって体を大きく使ったり、小さく使ったりという傾向も出てきます。さらに、ステップする歩幅を少し狭めてみるのも良い手です。通常よりも広げるというのは、体が遠回りしやすくなるのでオススメできませんが、歩幅が変わればリリースのタイミングや力の入り方も変わり、打者との間合いをズラすことにもつながります。

こうした微調整でも変わらなければ、今度はステップの位置です。これは体の使い方が変わってしまうため、できれば投げる方向に真っすぐステップするのが良いのですが、たとえばインステップにしてみたことで打者が打ちにくくなったというケースはよくあります。特に横へ曲がるスライダーを得意としている投手ならば、角度をつけてステップする分、打者に恐怖感を与えることができるでしょう。「右投手対右打者」の状況でプレートの一塁側から真っすぐステップするのはあまり怖くありませんが、三塁側からインステップすると「投手が内角方向へ思い切り踏み込んできて、ボールが背中側からグワーッと回って遠くへ逃げていく」という感覚になるので、おそらくのけ反ることが増えると思います。ちなみにアウトステップにするというのは、やはり体が開いてフォームのバランスが崩れてしまいやすいので、あまりオススメはできません。

他にも、モデルチェンジの方法はいろいろあります。普段からワインドアップやノーワインドアップで投げているのであれば、走者なしでもあえてセットポジションに統一する。投球間隔を変えて投げるテンポを調節するという方法もあります。また、これらの変化というのは投げている本人がピンと来ていなくても、打者からするとすごく打ちにくいということがあります。したがって、いろいろと試しながら実際の打者の反応を見たり、捕手やチームメイトの打

者に意見を聞いたりすることも大事です。

　そして、どんなに手を尽くしてもダメな場合は、いよいよ投球フォームそのものを変える。これはケガのリスクも伴うことなので、最終手段にしてほしいです。さらに大事なことは、先述したように「どんな投げ方であってもトップの形は変わらない」ということ。それを前提とした上で、腕を振る位置を少し下げて斜め（スリークオーター）にしてみたり、さらに下げてサイドスローやアンダースローにしてみたり。体がブレないのであれば、捻る動作を大きくしてトルネード投法にするのも良いでしょう。

　ただ、やはりそれまでにやれる作業はたくさんあるので、投球フォームの転向は慎重に考えてほしいと思います。一番怖いのは、たとえばオーバースローの投手が「今日からアンダースローです」といきなり投げ方を変えたものの、良い感覚もつかめずに迷走してしまうこと。そのまま元の投げ方さえも忘れ、イップスに陥ってしまう可能性もないとは言えません。ですから、もしフォーム転向を決断したとしても、最初は遊びの延長で自分の感覚に合う腕の位置を見つけていくことが大事です。たまに試合の中でもいろいろな投げ方をできる人がいたりしますが、それは小さい頃などからいろいろな投げ方を試してきて感覚が染み付いているのでしょう。いつでも、どんな投げ方でもストライクが取れる。普段のキャッチボールなどでそういう感覚を養っておくのは良いことだと思います。

■モデルチェンジのバリエーション

立ち位置

投球のモデルチェンジを考える際は、まず立ち位置を変えてみると良い。いつもと違う場所に少しズレるだけでも景色が変わり、投げる角度が変わって新たな持ち味が引き出される可能性も十分。それによって打者が打ちにくさを感じるということもよくある。

真ん中から投げる

一塁側から投げる

三塁側から投げる

足の上げ方

足の上げ方を変えてみるのも良い方法だ。ゆったりと上げたり、足を上げずにクイックモーションですばやくステップしたり、二段モーションにしたり。また、足底を地面とフラットにしながら遠くに上げると、体を大きく使えるようになる。逆にハムストリングスを意識しながら軸脚を擦るようなイメージで近くに上げると、体が遠回りせずスムーズに回転できるようになる。

足を体から遠くへ上げる

足を体の近くで上げる

| 歩幅 |

ステップする歩幅を通常よりも狭めに調節すると、リリースのタイミングや力の入り方が変わって打者のタイミングをズラすことにつながる。またコンパクトに回れるので回転スピードも上がり、移動距離が短くなる分だけコントロールもしやすい。逆に通常よりも歩幅を広げると、体が遠回りしてしまいやすいので注意したい。

通常のステップ幅で投げる　　　　ステップ幅を縮めて投げる

| 投球フォーム |

投球フォームそのものを変えるのは最終手段。それまで養ってきたフォームとは感覚が別物になるので、慎重に選択したい。また大事なことは、どんな投げ方であってもトップの形は同じで、体の軸の傾きが違うだけだということ。それを前提にした上で、まずは普段のキャッチボールや遊びの中で体を操る感覚をつかんでいくことが大切だ。

オーバースロー　　　　　サイドスロー　　　　アンダースロー

第**3**章

応用編
（高校生以上の技術とトレーニング）

高校生からは高負荷のウエイトトレーニングを開始
ボディービルダーのようにまんべんなく体を鍛える

　高校生や大学生というのは青年期の後半で、基本的には骨の成長がストップする時期にあたります。大人とほぼ同じ体格になり、30歳くらいまではこれを自分の体の土台としてピークを迎えていく。したがって、技術練習もトレーニングも応用に入って良いでしょう。もちろん、高校時代の藤浪晋太郎投手（アスレチックス）や佐々木朗希投手（ロッテ）のように、骨端線が見えていてまだまだ骨の成長が見込めるというケースもあります。その場合は「身長が1年間でまだ5〜6センチずつ伸びている」「ヒザの成長痛がある」「脚の長さに左右差がある」など、何かしらの兆候が見られるはず。過度なトレーニングをするとケガをしやすいので、しっかりと見極める必要があります。

　ただ、逆に早ければ中学生の時点で成長が止まっている人もいますし、そこは個人差がある。まだ高校生だからと言って、トレーニングの程度を落としすぎるのも逆効果です。特に筋力トレーニングについてはこれまで何度も伝えてきたように、体を強化するだけでなく、神経に刺激を与えて成長ホルモンの分泌を促すことにもつながる。ですから、計画を立ててしっかり取り組んでほしいと思います。また、骨の成長が止まっているのであれば、自重や軽い器具などの低負荷ではなく、バーベル・ダンベルなどの重い器具やマシンを使った高負荷のトレーニングに移行して良いでしょう。高校生の場合、多くの人は硬式野球を選択していると思いますが、中学まで軟式野球をしていた選手であればそもそもボールの違いによって体への負担も大きくなります。そしてもちろん、中学時代に硬式野球

をしていた選手であっても、求められるスピードやパワーが違うので少なからず負担は増える。出力や負荷が変わることを考えても、やはり体をしっかりと強化しなければなりません。

　高校野球になると、多くのチームはウエイトトレーニングを採り入れていると思います。高負荷のトレーニングに関しては、高校で基礎（一般的な動きのトレーニング）がスタートし、大学・社会人・プロなどで応用（各部位に細かく合わせた難しい動きのトレーニング）へと入っていく。そんなイメージで良いのではないでしょうか。

　具体的な内容ですが、私は決して特別な方法を推奨しているわけではありません。オーソドックスと言われるウエイトの基本メニューを積み、あとは技術練習に専念するスタンスで十分だと思います。そして、「自分はこの部分の筋力が弱い」「この動きをさらに細かく鍛えたい」というのであれば、個別に取り組んでいくと良いでしょう。今はＳＮＳ全盛の時代なので、もっと細かいトレーニング方法などは調べればいくらでも知ることができます。ウエイトの基本メニューとしては、まず大きな筋肉を鍛える「ＢＩＧ３」（ベンチプレス、スクワット、デッドリフト）。そこに背中側を鍛えるラットプルやローイング、肩を鍛えるショルダープレスやアップライトローイング、腕を鍛えるアームカールやリストカール、下半身を鍛えるランジ、レッグカールやレッグエクステンション、カーフレイズ…と、さまざまなメニューを加えていきます。また先述したように上下・前後・左右をバランスよく鍛えることが大事なので、たとえばベンチプレスで胸（前面）を鍛えたら今度は背中（後面）も鍛えるなど、偏らないようにメニューを組むことが必要です。さらに、ウエイトは強度をしっかり調節しなければオーバーワークになってしまうので、数日間に分けて行うことも効果的。たとえば「１日目

＝胸＋背中、2日目＝上半身（肩＋腕）、3日目＝下半身」などと分けて各部位に休息日を作ると、それぞれに回復も促せるので効率よく鍛えられます。

　野球界では、昔は「ボディービルダーみたいに鍛えても野球に使えない筋肉が出来上がるだけで、自己満足に過ぎない」などと言われてきました。しかし、実際はその逆。トレーニングではボディービルダーのようにまんべんなく鍛えるのが一番良いと思います。しっかりと骨や筋肉の知識を身につけて、なおかつ栄養の部分も調べ、自分に合うものを選択しながら、科学的な目線でインナーマッスルもアウターマッスルも含めて体の隅々まで鍛え上げていく。そういうトレーニングをしていれば、運動においてマイナスになることはありません。

　私は過去に「胸（大胸筋）を鍛えると投げるときに邪魔になるから、投手はベンチプレスをしないほうがいい」などと言われたことがあります。しかし、ベンチプレスが肩の可動域に悪影響を及ぼすというのはまずあり得ないこと。ゴルフのように腕を体の前に持ってきてスイングするならまだしも、投球の場合は体のほぼ横（前額面）で腕を振るわけで、胸の筋肉が邪魔になることはないのです。そして実際、高校1年時からずっとベンチプレスを続けていましたが、投球への影響はまったくありませんでした。むしろ、遠投などで「胸を張って後ろへ持っていかれる感覚を持ちつつ、腕が離れていかないように胸を逆に引きつけていこう」と開閉の動きを意識することで投球の感覚を確認していたので、その役割を担うベンチプレスの重要性は強く実感していました。

　そもそも「可動域が狭くなる」や「体が硬くなる」とはどういうことか。柔軟性というのはそれぞれが生まれ持った能力の1つであ

り、人によっては背中の後ろに両手を回してしっかり握手ができる
とか、腰に両手を当てて体の前に両ヒジをグッと出したらくっつき
そうなところまで寄せられるなど、ものすごく柔らかいケースもあ
ります。トレーナーの立場として、私はこうした関節内の柔軟性を
促すためのケアが得意分野ではあるのですが、各自がセルフストレ
ッチで養うというのはなかなか難しいと言えます。ただそれでも、
本来はボールを投げるたびに大きく出力しようとして体にストレッ
チが掛かるので、能力が高い選手はもちろん、野球を長く経験して
きた選手であればそれなりに柔らかくなっているはず。投げれば投
げるほど筋肉が固まって体が硬くなりそうだというイメージは大き
な誤解で、練習にしても筋力トレーニングにしても、ストレッチを

骨の成長が止まった段階に入ったら、高負荷のウエイトトレーニングで上下・前後・左右
をバランスよく鍛えていく。ストレッチやマッサージなどのアフターケアもしっかりと行
うことで柔らかくて強い筋肉が出来上がり、関節の可動域もしっかりと広がる

意識しながら動けば間違いなく関節の可動域は広がりますし、柔らかくて強い筋肉がついていきます。

　一方で体がガチガチに硬くなってしまう人もよくいますが、それは普段からストレッチを入れずにトレーニングをしていたり、あるいはボールを投げた後のケアが不十分なのだと思います。この「投げっぱなし・やりっぱなし」というのは、実はプロの世界でもあることです。たとえば2021年のシーズンオフ、阪神の岩貞祐太投手が私のところへ自主トレに来たときの話ですが、彼は「以前に超高重量のスクワットをガンガンやって腰を痛めてしまった。自分にはウエイトトレーニングが合わない」という固定観念を抱いていました。そこで私は「正しい方法でやれば大丈夫」「重量は少しずつ上げていけばいい」「やればやるほど質の良い筋肉がついていく」と、筋トレの重要性を説きました。そしてしっかりと計画を立て、ストレッチも入れながらウエイトトレーニングを実践。本人いわく「体が疲れにくくなった」とのことで実際にケガも減り、31歳にして150キロだった最速を154キロまで更新。今ではウエイトトレーニングにすっかりハマっているようです。

　トレーニング後（あるいは練習後）のアフターケアは、人の手を借りてストレッチやマッサージなどを受けるのが理想ですが、一人でもできることはあります。たとえばベンチプレスをやったら最後は胸のストレッチをするなど、しっかりと伸ばすことで"使える筋肉"にしていく。練習やトレーニング自体が悪いのではなく、大事なのはケアを疎かにしないこと。そこに気を配っていれば、体がガチガチになって動かないということはありません。

オフ期間もシーズンを意識して計画を立てること 休養も取ることでパフォーマンス向上につながる

　高校生以上のレベルでは、冬の過ごし方を重視するチームが大半だと思います。その期間の取り組みを経て「球速が上がった」「リリースで伝わる力が強くなった」「体にパワーがついた」というケースはすごく多いでしょう。ただ一方で、スピードは上がったけれどもコントロールが定まらなくなったとか、春先はどうしても動きのキレが悪くなるということもよくあります。それはおそらく、体重を増やしすぎてしまっているのだと思います。

　野球選手の多くは、オフ期間に体をやたらと大きくしたがる傾向にあります。たしかに体が大きいほうが見栄えは良いですし、体重が増えれば出力そのものを上げることができます。しかし、その分だけ体に重い負荷が掛かるため、当然ながら動きは鈍くなってしまう。またバランスを崩す原因にもなるので、増やしすぎるのは危険です。理想は「細くて柔らかくて強い体」。オフ期間もただ増量すれば良いのではなく、強くてしなやかな筋肉を作っていくことが大事です。

　もちろん、それが前提にあれば、チームや個人の課題として体重アップを目指すのは良いと思います。ちなみにアスリートの場合、適正体重の目安はよく言われる「身長－100センチ」。身長180センチならひとまず体重80キロを基準に考え、あとは「もう少し大きめで82～83キロのほうが好調」「やや絞って77～78キロくらいが動きやすい」などと、自分に合った身長と体重のバランスを見極めていけば良いでしょう。

　それと、冬場は体づくりに徹することも多いと思います。そのと

きに「オフ期間でしっかりとパワーをつけて、シーズン手前あたりからキレを上げていく」といったプランを立てがちなのですが、それでは間に合いません。たとえばランニングで言うと、１〜２月まで長い距離をずっと走り込んでいて、３月から短距離ダッシュを採り入れるという流れでは、春先の練習試合が始まっても体が重い状態になってしまいます。私の現役時代などはまだ全体的にそういう風潮があり、「３月はまだ投げ始めだから仕方ない」と考えられていました。そして５〜６月あたりでようやく調子が全開になっていく。当時は私も「暖かくなってきたからかな」などと思っていたのですが、実際はトレーニングの流れも大きく影響しているのです。長距離のランニングは12月までにやっておいて、１〜２月にはダッシュ系を交えながらキレを出していけば、万全の状態で３月のスタートを切ることができます。

　またトレーニングにしても、ウエイトは基本的に終動負荷（動作の最後まで持続的に大きな負荷が掛かるもの）なのですが、それをただひたすら続けていてもパワーが上がるだけ。したがって、並行して初動負荷（動作の最初に瞬発的に大きな負荷が掛かるもの）のメニュー、あるいはプライオメトリック系（瞬発力を発揮するジャンプやメディシンボールスローなど）のトレーニングも採り入れる。それによってキレの良い動きができる筋肉が作られ、投球動作にもつながっていきます。スロースタートの春先から少しずつ調子を上げていくのではなく、スタートから全開で力を発揮できるように準備をすることが大切。そしてシーズンに入ったら、年間を通してパフォーマンスを維持できるように心掛ける。そういう流れが良いと思います。

　なお、指導者が年間のプランを考える際、あえて浮き沈みを作ろ

うとするケースもよくあると思います。しかしトレーニングというのは、たとえばシーズンの前半にガンガン厳しくやり込んで後半のために力を溜めておく、といったことはできません。トレーニングの効果を出すためには、しっかり休んで回復させるというのが必須です。

　実際に私も指導者の立場になり、休息・休養の大切さを強く感じています。独立リーグ「九州アジアリーグ」に参入した火の国サラマンダーズは初年度の2021年、リーグ優勝はしたものの故障者が続出。そこで翌22年、思い切って練習時間を大きく減らし、残りは個人練習で補うというスタイルに転換しました。その結果、余力を残しながら故障者ゼロでリーグ優勝を果たし、グランドチャンピオンシップ（独立リーグ日本一を争う大会）でも優勝。やはり「休むときはしっかり休む」という考え方が大事です。少なくとも週1〜2回は必ず休みを取ることで集中力も増し、パフォーマンス向上や筋力アップの部分でも効率が良くなります。

トレーニングは基本的に後半のために溜めておくことはできない。オフ期間のうちから体のキレを高める意識も持っておくと、シーズンのスタートから全開で臨める。休養なども採り入れ、いかにパフォーマンスを維持できるように努めるかが大事

自分に合った腕の使い方を把握して鋭さを追求
球持ちやリリースの意識で伸びるボールを目指す

　ここからは投球について話していきましょう。

　高校生以上はトレーニングだけでなく、技術の部分でも応用に入ります。高い技術を習得するための方法も実にさまざまなので、いろいろな取り組みをしながら自分に合う投げ方を追求していくと良いでしょう。

　ただし、ケガにはくれぐれも気を付けてください。たとえば最近、大谷翔平投手がよくやっているメニューで、重さの違うプライオボールを壁にドーンとぶつけることでまず体に刺激を入れ、そこから硬式ボールを投げるという練習があります。これは全身を使って大きな出力を発揮できるようになる反面、ものすごく大きな負荷が掛かるので、体がまだ出来上がっていない人が軽い気持ちでやると肩やヒジのケガにつながってしまいます。また、山本由伸投手が採り入れているやり投げのトレーニングなども高い出力を発揮するので、同じようにリスクはあります。今は情報をすぐに得られる社会なので、そういった流行りの練習やトレーニングを簡単に知ることができますが、筋力が十分でなければ間違った方向に進んでしまいます。だからこそ、まずはしっかりと日々の練習やトレーニングに打ち込んで体を作ってほしい。大きな負荷が掛かってもケガをしない土台ができれば、プロの一流選手と同じ練習も積めるようになります。

　そしてさまざまな技術練習の中から、自分の中での"基本練習"を持っておくと良いと思います。私の現役時代の場合は遠投をよくやっていましたが、第1章でも触れた通り、マウンドからの投球とはベクトルが違う上、外旋位の腕の角度も大きくなって肩やヒジへ

の負担が増えるので、科学的な目線ではあまり良いとは言えません。ただ、先述したように胸の開閉を意識するという意味では有効でしたし、効率の悪い練習であっても自分の感覚に合うケースがあります。また、もちろんそれだけでは技術が向上しにくいので、たとえばまずは遠投で全身を使って遠くへ回転の良いボールを投げる感覚を養い、続いてシャドーピッチングで腕をピュッと鋭く振る感覚を養うなど、上手く組み合わせることが大切です。

　投球フォームの細かいポイントに関しては第4章で紹介しますが、練習のときから大事にしてほしいのは「腕の振りの速さ」と「ボールの質」。この2つは絶対に外せない要素です。

　まず「腕の振りの速さ」についてですが、腕をすばやく振れる方法は人によって違います。使い方で言うと、大きく分けて2種類。1つ目は腕の内旋・外旋が強く、ヒジを柔らかく使ってパチーンと縦に叩くタイプ。例としては、藤川球児さん（元阪神ほか）などをイメージすれば分かりやすいと思います。2つ目はリリースに向かって腕が真っすぐ伸び切りながらガッと離すタイプ。代表的なのは松坂大輔さん（元レッドソックスほか）などで、私もこちらのタイプでした。

　2つの腕の使い方はどちらも一長一短です。前者はトップの位置からヒジを外旋させる要素が強くなる分、負担が掛かってケガをしやすい。しかし、腕をスムーズに振り抜くことができればキレイに鋭い縦回転を掛けられます。藤川さんはこの腕の使い方が抜群で、キャッチボールや遠投でも軽く投げながらこの動きを実現できていました。だからこそ、シーズンを通して何十試合も投げ続けられたのでしょう。一方、後者は少なからず負担もありますが、リリース時に肩から指先までが一直線になるため、ストレスを全体に分散し

てキレイに抜くことができる。ただし、体が回るときに手が早めに離れていき、腕が遠回りしやすいという面もあります。また、ヒジが少し曲がったリリースになると結局、ストレスをヒジで受けてしまいます。どちらが自分に合っているかというのは、それこそ天性の能力や感覚の部分なので、投げながら見極めていくしかありません。ただ、この方向性が分かればあとは反復練習で腕の振りを鋭くするだけなので、自分で理解しておくことは大事です。

　次に「ボールの質」。マウンドから本塁までの18.44メートルの距離ではなかなか実感しにくいものですが、指導者や捕手などに腕の振りの速さと実際のボールとのギャップ、あるいはボールの勢いなどを見てもらうのが良いでしょう。また、スピードが140キロを超えたときなどは、自分でもリリースの感覚や捕手の反応、ミット

■投球練習で意識するポイント

Point1 腕の振りの速さ

腕の使い方は大まかに分けて「腕の内旋・外旋が強いタイプ」と「腕が真っすぐ伸び切るタイプ」の2種類がある。自分にはどちらが合うのかを把握しておくことで、より腕の振りのスピードを高めることができる。注意点としては、前者は縦に鋭いスピンを掛けやすいが、肩やヒジに負担が掛かりやすい。後者はストレスをキレイに抜くことができるが、腕が遠回りしやすい。

腕の内旋・外旋が強いタイプ

腕が真っすぐ伸び切るタイプ

の音などで分かることがあります。

　ボールの質の判断基準ですが、もちろんすべてのボールが重力を受けて落ちているものだというのは前提として、良いのは腕の振り以上に「伸びてくるボール」。良くないのは「垂れてくるボール」です。自然とシュート回転やスライダー回転をする人もいますが、なかなか落ちずに向かっていく「伸びシュート」や「伸びスライダー（伸びカット）」であれば問題ありません。逆に「垂れシュート」「垂れスライダー（垂れカット）」はベクトルが大きく下に向かっているので、修正が必要です。

　この部分に影響を与えているのは、いわゆる"球持ち"です。余計な力が入っていない状態でなおかつ前で離すことができていれば、ボールはキレイに伸びていきます。逆に体の開きが早くて腕が遠回りした場合、早めにリリースすることになって十分な力を伝えられずに垂れてしまいます。そしてもう１つ大事なのは、リリースで指が入る角度。腕の振りに合わせて指が上からキレイに入った状態で叩けていれば、手首が立つので鋭い回転を与えられます。逆に指が斜めに入って手首の角度が横に寝ると軸がずれ、回転が弱くなってボールは垂れる。ですから、リリースポイントでの離し方はすごく重要です。

　ちなみにリリース時は実際、ボールを握り潰すように弾いていくものなのですが、これを意識すると手や指がガチガチに固まりすぎてしまう人もいるので、一概には言えません。基本的には「指２本（中指・人さし指）で捕手方向へ強く押し込む」「指２本で上から叩くように弾く」「指３本（中指・人さし指・親指）で握り潰すように弾く」の３パターン（第４章Ｐ121参照）だと思うので、自分に合った感覚を見つければ良いと思います。

Point2 ボールの質

質の良いボールというのは、腕の振り以上に「伸びてくるボール」。指先の感覚によって中指や人さし指のどちらかに強く引っ掛かり、スライダー回転やシュート回転をすることはあるが、それでも打者の手元まで伸びていけば打者を押し込むことができる。そのためのポイントは「球持ち」と「リリースの指の角度」。体の開きが早くなり、腕が遠回りしてリリースが早まったり、あるいは手首が寝て指が斜めに入ったりすると、回転が弱くなってボールは垂れてしまうので注意が必要だ。

○ 体が連動して前で離せると
手首が立つ
（球持ちが良い）

✕ 腕が遠回りしてリリースが
早まると手首が寝る
（球持ちが悪い）

○ 腕の振りに対して指が
縦に入る

✕ 腕の振りに対して指が
斜めに入る

力加減を考えながらリリースの瞬間に力を爆発させる
投手の能力を上げるカギは「筋力＋バネ＋柔軟性」

　高校生や大学生あたりになると、投球フォームについて細かくこだわりを持つようになってくると思います。そこで大事になるのはやはり、体にできるだけ負担が掛からない投げ方でケガを防ぐこと。そして、パフォーマンスを向上させることです。

　この2つに共通するポイントは、力を入れるタイミングです。結局はボールをリリースする瞬間に最大の力を発揮したいわけで、そのためには足を上げて本塁方向へステップしている時点で力を抜いておかなければなりません。特に、上体に余計な力が入っていると肝心なところで力が抜けてしまうので、大げさに言うと「上半身の力はゼロ」というイメージ。下半身の真上に乗っていて、下半身リードで体が動くから一緒に移動するという感覚が大事です。そしてコッキング期（右投げの場合は左ヒザが上がり切ってから、左足が着地して右腕が最大外旋位に入るまでの期間）に入り、最大外旋位から腕が内旋しながら加速してリリース。ここで上手く腕をしならせていきながら、なおかつ後ろへ持っていかれない筋力も使い、体と連動して勢いよく腕が振られていくというのが重要です。

　また、単純に速いボールを投げたいというだけならば、体を鍛えて出力そのものを一気に上げてしまえば済む話なのですが、いくら160キロのスピードを出せたとしてもストライクが入らなければ試合になりません。投手が求められるパフォーマンスは「失点をいかに抑えられるか」「打者をいかに打ち取れるか」。結局、質の良いボールをコンスタントに投げられなければ意味がないので、自分の中で「出力を抑えた投球」をすることも大切です。ボクシングで例え

ると、とにかく大振りでストレートパンチを繰り出すのではなく、
コントロールが利くジャブを何度も鋭く打っていくというイメージ。
前者は出力こそ高いものの、フォームが乱れるのでパンチが命中す
る確率は低く、相手からしても避けやすい。一方、後者はフォーム

⭕ 鋭くコントロールできるジャブ

❌ 大振りのストレートパンチ

投球を安定させるためには、自分の感覚として「出力を抑えた投球」をすることも大切。
ボクシングで鋭くジャブを打つイメージであれば体をコントロールしやすく、手が見えな
いところから急にパッと鋭く出るので、打者もタイミングを取りにくくなる。逆に大振り
のストレートパンチだとフォームは乱れやすく、手の動きもしっかりと見えるので打者は
合わせやすくなる

が安定しているのでパンチを当てやすく、相手もなかなか避けられません。全力投球に近い質のボールを5〜6割の力加減で投げられるようにすること。これがパフォーマンスを上げる秘訣だと思います。

とは言え、勘違いしないでほしいのですが、決して「パワーやスピードよりもコントロールのほうが大事」ということではありません。当然ながら出力は高いほうが良く、体の大きさやパワーを備えているのに越したことはない。アスリートを目指す上で、体格が良いほうが有利であることに間違いはないでしょう。

体型の話で言うと、昔は下半身が太い人やお尻が大きい人などが投手に向いているとされていました。投球動作は下半身リードだからこそ、下半身の安定感とパワーが大事なのだという考え方です。ただ私の見解としては、その部分はトレーニングやケアでカバーできると思っています。

そもそも全体的に細くてもしっかりと出力を発揮できる人というのは、もちろん必要な筋力は備えているとも思いますが、そこに加えて瞬発力を生み出す体のバネや柔軟性に長けていることが多いもの。投手としての能力を上げるカギは「筋力＋バネ＋柔軟性」。この3つは欠かせない要素です。

そして、バネと柔軟性はトレーニングやケアを通じて高めていくことができます。ちなみに「バネ」は具体的に何を示しているのかと言うと、筋肉の伸張反射（筋肉が急に伸ばされると反射的に縮まるという特性）の強さです。要は、瞬発的な筋肉の反動を利用して大きな力を外へ放出することができるわけで、「伸張反射を上手く使えている＝バネがある動き」ということ。外国人アスリートにはもともと「腱（筋肉と骨をつなぐ部位）が長い」（見た目としては

肩やふくらはぎの筋肉などが急にボコッと大きく盛り上がり、そこから末端に向かって細い形になる）という特徴もよく見られますが、これは腱の弾性エネルギーも大きく発揮されることで筋肉の伸張反射をより上手く使えるというメリットがあります。

　このバネの要素を投球動作に置き換えると、たとえば踏み込み脚のステップから着地まで。右投げであれば右から左へ大きなパワーを伝えていくことが大切で、サイドランジやサイドジャンプのような動きになるので、トレーニングメニューとしてもやはりサイドランジやサイドジャンプなどが大切。プライオメトリック系のトレーニングで瞬発力を高めることが必須になってきます。

　さらに詳しく説明すると、筋肉には「速筋線維」と「遅筋線維」の2種類があります。収縮が速い速筋線維はパワーとスピードを備えているので瞬発系に強く、収縮が遅い遅筋線維はスタミナを備え

図8
ふくらはぎの遅筋線維
（ヒラメ筋）

図9
ふくらはぎの速筋線維
（腓腹筋）

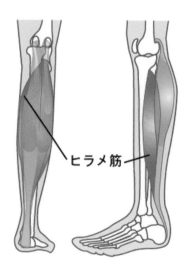

ヒラメ筋

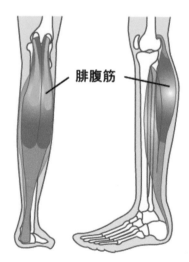

腓腹筋

ているので持久系に強いと言われています。たとえば踏み込み脚の着地に備えてふくらはぎを鍛えるとしたら、カーフレイズ（壁際に立ち、両手を壁につけてカカトの上げ下げを繰り返す運動）だけでは「遅筋」のヒラメ筋がメインになってしまうので、アンクルジャンプ（体が棒になったような感覚を持ち、足首だけですばやく高く跳ぶ）などで「速筋」の腓腹筋もしっかり鍛える。両方鍛えることで「バネ」の要素も養われていきます。

　こうした知識もしっかり理解しておくと、トレーニングも非常に効率よく進めることができます。もちろん出力の最大値を高めることも大切ですが、それをひたすらやって体が大きくなれば良いわけではなく、いかに瞬発力や柔軟性も同時に高めていけるか。ぜひ意識してほしいところです。

　なお余談になりますが、外国人選手と日本人選手の大きな違いの

図10　腸腰筋（大腰筋・小腰筋・腸骨筋）

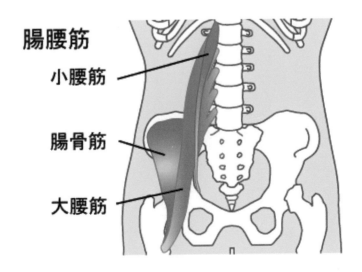

１つとして、上半身と下半身をつなぐ「腸腰筋（大腰筋・小腰筋・腸骨筋）」の発達がよく挙げられます。特に黒人選手などは大腰筋の発達が著しく、日本人よりも長い上、太さは日本人の約３倍。それが外国人選手の投げ方や打ち方、走り方などにもつながり、爆発的に大きな力を発揮できているのです。この差を埋めるというのは遺伝子の部分なのでどうしようもないのですが、日本人選手もやはり腸腰筋は鍛えなければならないと思います。ではどうすれば良いかと言うと、方法としては走り込み、階段ダッシュやランジなど。「走る」という動作につながるメニューをひたすら反復し、地道に少しずつ太くしていくしかありません。

　ただ、第２章で触れた肩まわりやお尻まわりなどもそうですが、さらに腸腰筋も意識して鍛えていくと、すごく大きな力を出せるようになっていきます。昔の日本の場合、投手はキレやコントロールに目を向け、精密で繊細な投球を目指すというのが主流でしたが、近年は150キロや155キロのスピードが当たり前の時代になり、160キロが出てもあまり驚かれなくなりました。トレーニングや栄養などの取り組みが発展し、外国人選手と遜色ない数値を出せる選手も増えてきたわけです。そして今後は、ボールの回転数や回転軸などもより細かく追い求めていく時代になるでしょう。そうやって日本の野球も進化を遂げてきたからこそ、外国人選手のスタイルを意識した人がどんどん出てきても良いのではないか。私はそう思っています。

技術を身につけるためにはボールの投げ込みも必須
ブルペンでは試合を想定して対応力の準備を

　高校野球などもここ数年、延長タイブレークや投球数制限、休養日の設定などが注目を集め、選手の体の負担を軽減させる方向に進んでいると思います。普段の練習でも指導者が投球練習を強制するのではなく、体調を見ながら選手と話し合ったり、もしくは完全に選手に委ねて自己申告をさせるというケースが増えているようです。その一方で、じゃあ投げ込みは不要かと言われると、技術を身につけるためには絶対的に必要なもの。ただ、もちろんオーバーワークは絶対に避けたいところで、そうなると練習の方法が重要になるでしょう。ブルペンで捕手を座らせてひたすら投げ込むというのは環境的にもなかなかできないと思うので、たとえば普段はキャッチボールやネットスローを多めに行い、足りない部分はボールを使わずにシャドーピッチングや投球動作につながるトレーニングなどで補う。そして投球練習の形を取る場合は、少ない球数で意識を高く持って投げていく。そうやって感覚を磨いていけば、投球過多は避けることができます。

　ここで1つ言っておきたいのですが、ブルペンというのは、質の良い球をただ気持ちよくバンバン投げ込む場所ではありません。打者を想定し、走者の状況やアウトカウント、ボールカウントも想定し、その中でストレートと変化球をストライクゾーンとボールゾーンへ投げ分ける。そうやって試合と同じ気持ちで臨み、より実戦に近い練習をする場所なのです。まして投球数をあまり増やせない昨今であればなおさら、ブルペンでは質の高い練習を積む必要があるでしょう。

　当然ながら、ブルペン投球だからこそ身につけられる要素というのもたくさんあります。たとえば、アマチュアからプロまで共通してインコースにしっかり腕を振って投げ切れない人はすごく多いのですが、「打者に当たってしまうかもしれない」「甘く入るかもしれない」といった苦手意識は、ブルペンで打者に立ってもらいながら投げ込んでいくことで少しずつ払拭できます。また、もちろんマウンドから投げるわけですから、その傾斜に合わせてバランスよく投球するという技術も磨くことができます。さらに試合では走者がいる状況が多くなるので、セットポジションの技術も大切です。走者一塁の場合は走者を目で制しつつ、始動してからボールが捕手のミットに到達するまでの時間を1.25秒以内に収められるクイックモーションが求められる。走者二塁であれば、走者を１回見てから投げる、走者を２回見て投げる、走者を見たまま投げるなど、さまざまなバリエーションを持っていなければならない。そういった投げ方をしながら、なおかつ狙ったところへしっかりコントロールできるかどうか。そういう技術もブルペンで身につけられるものです。

　他にも、少し間合いを変えて投げる、バント処理を想定して投球後にすばやく本塁方向へダッシュする、打球に合わせて投内連係に移行するなど、試合で対応しなければならないことはたくさんあります。ブルペンでフィールディングのことまで意識して練習している人は非常に少ないと思いますが、試合になって初めて経験して学ぶようでは効率が悪い。実戦で起こり得ることへの準備はブルペンですべて整えておく必要があるのです。逆にそういった想定練習を早いうちから普段の習慣として積み重ねておけば、意識しなくても動けるようになっているので試合でも困ることがなくなり、投球に集中して質の高いものを学ぶことができます。

　さて、試合での対応という部分では、投球フォームを修正する能力も重要です。どこを意識するのかは人それぞれですが、私の現役時代は右脚（右投げなので軸脚）の使い方を調節することで体の開きを抑えていました。具体的に説明すると、まず左脚を上げてからステップをしていくとき、右脚は付け根から全体的に外旋していくもの。ここで右足がプレートにしっかりと引っ掛かっているからこそ、反力を受けてグッと強く押し込むことができます。そして左足が着地して体が一気に回っていくわけですが、このときに一瞬だけ右ヒザを残すことで上体の開きが抑えられます。その結果、手が遠

■投球フォームのバランスを整えるコツ

Point**1** 軸脚のヒザを残す

踏み込み脚が着地して体が回っていくとき、軸脚もそのままクルッと回してしまうのではなく、ヒザの動きを一瞬だけ遅らせて粘ることができれば、上体の開きが抑えられて捻転差が生まれる。これによってフォームに間合いが作られるほか、その後の体の回転がより鋭くなり、また腕も畳まれた状態で巻き付いていくため、キレと角度のあるボールが投げられる。表現としては「ヒザを残す」だが、ヒザを深く曲げて体重を残すわけではない。右投げの場合、サード方向を向いていたヒザの皿をショート方向まで戻すくらいの感覚だ。

上が回りながら下はヒザで粘る

くへ離れていかず、自然と右ヒジが畳まれた状態になって体に巻き付いてくれるのです。さらにリリース時に手首が寝ないので、ボールにもしっかりと角度がつきます。

　また、この「右ヒザを残す」という意識はフォームをスムーズにするだけでなく、打者の間合いを外すという点でも有効です。ヒザを残せば残すほど"間"が長くなるので、私は打者によって軸脚の押し具合やヒザの残し具合を調節してタイミングを外し、ファウルを取ってカウントを稼いでいました。さらに球種によっても変えており、たとえばスライダーを投げる際は上体が開いてしまいがちなので"間"を長くする。腕を体に巻き付けるようにすると自然と前に壁ができるため、ボールは横に曲がりやすくなります。一方、フォークを投げる際はストレートと同様に使う。こちらの場合はヒザを残しすぎるとボールを引っ掛け、本塁ベースよりも手前でワンバウンドをしてしまうからです。変化球は手元の意識だけで器用に調節できる人もいるので、一概には言えませんが、下半身の間合いで調節するという方法は知っておくと良いと思います。

　ちなみに「ヒザを残す」というワードだけ捉えると、ヒザを外側に深く曲げようとする人がいるかもしれませんが、ヒザが折れて力が逃げてしまうのは意味がない。この動きはあくまでも「本来ならば並進運動のスピードを上げるために、軸脚全体の内旋・外旋の力を使いながらサイドジャンプをするくらいの勢いで横へ強く出ていく」ということが前提にあります。そうやって勢いよくステップしながらも、そのまま体の回転とともに軸脚もクルッと回してしまうのではなく、胸を張って体の面が前へ向いていくときには軸脚のヒザの動きだけを一瞬遅らせるということです。私の感覚で言うと、ステップ時までは右ヒザの皿がサード方向を向いていて、体が回転

していくのと同時にヒザの皿だけを逆にショート方向へ向けていくというイメージ。股関節をものすごく外旋させないといけないのでかなり苦しいのですが、これができると上半身と下半身の捻転差が大きくなって、全身にしなりが生まれます。この使い方を覚えるだけで、投げるボールの質はガラッと変わるでしょう。

　一方、踏み込み脚の意識で調節するという人もいるかもしれません。こちらの使い方は先述したように、基本的には着地後に地面反力をしっかりと受け、ヒザの伸展で上をしっかり走らせることができていればどんな形でも問題ないと言えます。地面への着き方なども人それぞれで、つま先から着く人もいれば、カカトから着く人もいます。あるいは足の内側から着く人、真上からドーンと足を落とす人、足の外側から着く人…。微妙に変わるだけでもパフォーマンスは大きく変わるので、いろいろと試しながら自分の傾向を知っておくと良いでしょう。そして、着地の仕方を変えることでフォームを修正していくというのもアリだと思います。プロの世界でも、たとえばもともとつま先から着くタイプの投手が試合で投げているうちに自然とカカトから着くようになり、投球の質がガラリと変わったということがよくあります。傾向としては、つま先から入ると体重が前へ行きやすく、カカトから入ると体重が後ろへ残りやすい。また内側から入ると体が閉じやすく、外側から入ると体が開きやすいものです。

　なお、第1章では投球後に踏み込み脚1本で立ってフォロースルーを安定させることを推奨しましたが、それはキレイなフォームを身につけてほしい小中学生の段階でのこと。高校生以上のレベルであれば、形を意識する必要はないと思います。しっかりと地面反力を利用できていれば自然と良い形になるので、変に「ここに収めよ

う」などと考えなくて良い。むしろ勢いよく投げることができた場合は反動も強いため、その場でピタッと止まることはできないはずです。形に関しては、投げた勢いのまま軸脚が踏み込み脚を追い越して前までドーンと出ていくタイプ、あるいは踏み込み脚の伸展作用のイメージが強く、斜め後方へのベクトルを感じてステイバック

Point2 フォロースルー

力強い投球を実現するためには、着地後に踏み込み脚のヒザを伸展させ、地面反力を利用して勢いよく投げることが大事。その場合は反動も強くなるため、フォロースルーでピタッと制止することはできないのが当たり前。形としては、軸脚が踏み込み脚を追い越してしっかりと前へ出ていくか、逆に体の斜め後方へのベクトルを強く意識して軸脚が後ろへ残り、体重が戻っていくか（ステイバック）。どちらも地面反力を強く受けられている証と言える。

軸脚が踏み込み脚に被さって前へ出る

踏み込み脚の伸展の反動で後ろへ戻る

する（軸脚が残って体重が後ろへ戻っていく）タイプなどがいますが、いずれにしても出力は十分に発揮できていると言えるでしょう。

変化球もリリース後の腕の使い方はストレートと同じ さまざまなことを試して自分に合った球種を見極めよう

　変化球についても触れておきましょう。現実的には中学生から投げ始めるものだと思いますが、中学生の場合はバランスの良い投げ方を習得することが先決だと思っているので、この章で説明させてもらいます。

　私自身が不器用だったこともあって、変化球の習得というのはあまり難しく考えないほうが良いと思っています。まずはストレートと同じ握り方で、リリースの感覚だけを変えて投げてみる。そこからスタートするのがオススメです。もちろん器用な人は、最初からさまざまな握り方で投げながら試行錯誤しても良いのでしょう。ただ、変化球で最も大切なのは打者にできるだけストレートとの違いを悟らせないことであり、いかにストレートと同じフォームで投げられるかどうか。握り方もリリースも同時に変えれば、フォームが変わるリスクも高まります。

　実際、ストレートの握り方でもリリースを変えるだけでボールは変化してくれます。カーブであれば手の甲を本塁へ向ける感覚で手首を捻ったり、小指側を前へ出しながら中指と親指でボールを捻ったり（P98参照）。スライダーやシュートなどは指の切り方を変えるだけで斜め方向に回転を掛けられます。また、カットボールはボールを少し傾けて回転軸をずらすだけで実現する球種で、私のカットボールはまさにストレートと同じ握り方でした。チェンジアップは通常よりもグッと深く持ち、フォークは中指と人さし指の間隔を

少し広げるなど、多少のアレンジはするものの、やはり基本はストレートと同じ形。まずは遊びの中でそうやって投げてみて、実際の変化を見ながら「今度はこう握ってみよう」「縫い目のこの部分に掛けてみよう」などと試行錯誤していけば、自分に合った変化球がスムーズに見つけられると思います。

　また、最終的には打者を打ち取るために投げるものなので、打者との対戦で試すということも重要です。それも「ストレートとカーブだけ」「ストレートとスライダーだけ」「ストレートとフォークだ

カーブのリリース1
（手の甲を向けながら手首を捻る）

カーブのリリース2
（小指側を前に出して中指と親指で縦に捻る）

カーブのリリース3
（ボールを横に傾けて中指と親指を捻る）

カーブのリリース4
（拇指球で押しながらグッドサインを作って捻る）

変化球を習得する際、まずはストレートと同じ握り方でリリースだけを変えてみるのがオススメ。そうすればフォームが崩れることなく、感覚を養うことができる。写真はカーブの例だが、1つの球種でもさまざまなリリースの仕方がある。自分に合うリリースを探し、そこから握り方を試行錯誤するとスムーズだ

け」といったシンプルな組み合わせで投げてみる。その中で打者が嫌がるような仕草やタイミングが合わない反応を見せたとしたら、大きな武器になる良い変化球と言えます。

さて、変化球をたくさん投げていると「体への負担はどうなのか」という疑問が浮かぶかもしれません。たしかに小学生の野球ではスローボールが実質チェンジアップの代わりになっている程度で、基本的には変化球を禁止されているわけですから、骨や筋肉がまだ十分に成長していない段階では影響があるということです。興味の方向が変化球にばかり進んでいくと、正しい投げ方からどんどん外れていってしまうというリスクもあります。ただ、体がある程度成長していれば、あまり気にする必要はないでしょう。と言うのも、そもそも体に最も負担が掛かる球種というのは、最も出力が高いストレートです。特に150キロなどと大台を超えてくる場合は1球だけでもかなり大きな負担が掛かるので、ケガ予防の意識はより高く持たなければなりません。つまり、変化球を投げるからケガをするわけではないということです。

もちろん、極端にたくさん投げていれば、いくら出力の低い変化球といえどもケガをします。私がその典型で、高校時代に土日のダブルヘッダー計4試合を完投していたと先述しましたが、あるとき「フォークだけですべて投げ切れ」と言われたことがあります。当時はフォークのキレがすごく良かったため、おそらく一気に習得させようという意図があったのだと思います。ただそれを実践した結果、腱鞘炎になってしまいました。私はもともと中指と人さし指の間がかなり大きく開くタイプで、グラブの中で握り替えても手間取ることなくスッと挟むことができていたのですが、"全球フォーク"以降は可動域が狭くなってそれが難しくなりました。ここが1つの

きっかけとなり、さらにコントロールのしやすさなども重視して、その後は「2本の指で挟む」ではなく「2本の指を広げる」という感覚のスプリットへ移行。プロ入り後もフォークではなく、スプリットを武器にしていました。

　と、私には私の変化球の歴史があり、だからこそオーバーワークは避けてほしいと願っているのですが、ここまで極端なケースは例外です。そもそも練習量を比べても、ストレートと変化球では圧倒的にストレートを投げてきた数のほうが大きく、出力の低い変化球の練習でケガをするリスクは本来なら低いはずなのです。それにもかかわらず「変化球はケガにつながりやすい」と言われてきたのは、要は「変化させる」というイメージが先行して投球フォームのバランスが崩れやすいからだと思います。

　たとえばスライダーやカットボールなどでは、「横に曲げよう」という意識が強くなると体ごと横に振って開きやすくなり、腕も横から出ようとしてヒジが下がるので大きな負担が掛かってしまいます。またフォークなどはよく「握力がなくなる」とも言われますが、これは「強く挟もう」として手先に力みが生まれてしまうから。体の回転に対して腕が上手く振られてこないため、結果的に腕だけで操作しようとして手先に負担が掛かるわけです。逆にボールを軽く持って投げていれば、そこまで大きな負担は掛かりません。一方で、子どもの頃は変化球の基本としてカーブを推奨されることが多いですが、これはもちろん緩急の大切さを覚えるためでもありながら、上から叩いて縦回転を掛ける球種なので、大きく変化させることを意識しても体の使い方が崩れにくいという意味合いが大きいでしょう。そうやって考えると、フォームのバランスさえ崩さなければ、変化球の練習をいくら積んでも大丈夫だと言えます。

　むしろ、早い段階からいろいろな変化球を練習しておけば、それだけ器用になるとも思います。最近は「球種を浅く広く練習するよりも、まずは1つの球種に絞って磨いたほうが良い」という意見が多いようですが、たとえばストレートとカーブだけをひたすら磨いていても不器用なまま成長してしまいますし、選択肢が増えることがマイナスになることはありません。ただし、やはり「球種が多い」という持ち味だけに頼ってボールそのものの威力を磨かず"上手く交わす投球"になってしまうと、次のステージへ進んだときに通用しないというのも間違いない。だからこそ、「すべての球種を一級品になるまで磨いていく」という気持ちで追求していくことが大切です。

　変化球の腕の振りについては勘違いしている人も多いのですが、

■各球種の握り方と腕の振り

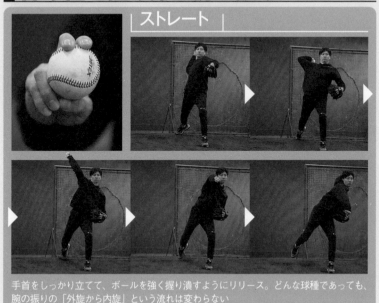

ストレート

手首をしっかり立てて、ボールを強く握り潰すようにリリース。どんな球種であっても、腕の振りの「外旋から内旋」という流れは変わらない

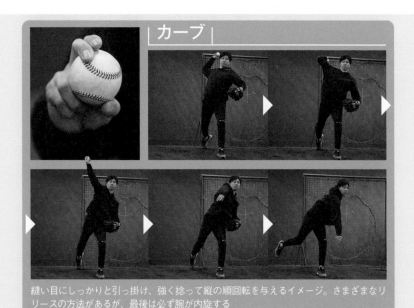

カーブ

縫い目にしっかりと引っ掛け、強く捻って縦の順回転を与えるイメージ。さまざまなリリースの方法があるが、最後は必ず腕が内旋する

スライダー

指の側面を縫い目に沿わせたり、指先を斜めに掛けたりして、ボールを斜めに切ることで横へ曲がる。外側へ強く弾いた反動で腕は自然と内旋する

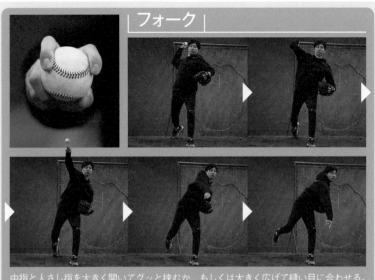

フォーク

中指と人さし指を大きく開いてグッと挟むか、もしくは大きく広げて縫い目に合わせる。指の付け根からやや押し込むような感覚で離すと、真下に落ちていく

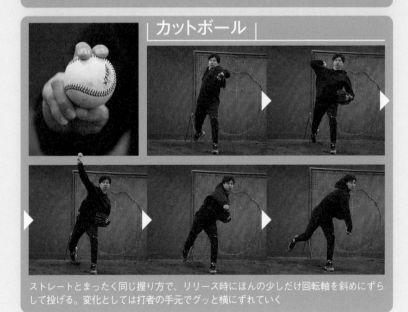

カットボール

ストレートとまったく同じ握り方で、リリース時にほんの少しだけ回転軸を斜めにずらして投げる。変化としては打者の手元でグッと横にずれていく

実はどんな球種であっても最終的にはストレートと同じように「外旋から内旋」という使い方をしています。たとえばカーブを投げる際、ギリギリまで腕の外旋を保って手を思い切り縦に捻るとしても、リリース後は腕が内旋して外側へ返っていく。あるいはスライダーで手首を思い切り斜め方向へ捻るとしても、指先でボールを切った後はやはり腕が内旋していきます。変化球というのはリリースの角度や離し方（ボールの面を向ける、小指側から入る、人さし指側から入る、押し込む、切る、抜くなど）が違うだけで、最後は必ず内旋しながら腕が抜けていく。そこを履き違えていなければ、大きな負担は掛からないのです。私が野球教室などで中高生と接していてよく感じるのは、リリース時の手の形のままボールが進む方向へ一緒に腕を振り抜くイメージを持っている人が多いということ。それが「大きく曲げよう」「大きく落とそう」という意識になり、バランスを崩すことにつながってしまっています。そうではなく、タイミングよくリリースできていれば確実に指がボールに引っ掛かり、その角度や離し方に合わせた回転が与えられるので自然と変化してくれるもの。そういう考え方で変化球に取り組んでほしいと思います。

　ここで、自分に合った変化球を見極めるポイントについてもお話ししましょう。

　まずは下半身の使い方。踏み込み脚を内旋させるタイプの投手は体の開きを抑えやすく、壁を作って投げることができるのでブレーキを利かせやすい。したがって速い変化球にキレが加わり、スライダーやフォークなどが得意になる傾向にあります。一方、踏み込み脚を外旋させるタイプの投手は脚をやや開き気味に着地していくため、これだけではあまり特長が出ません。得手不得手の差が生まれ

るのはその後の腕の動き。腕を大きく回す場合はパワータイプが多く、手先の感覚が器用でない限り、球威のある1種類の変化球に特化しやすい。逆に腕を小さく畳んで回す場合は体の近くで腕を扱えるため、スライダーやカットボール、シュートやツーシームなど、多彩な球種を操るタイプになりやすいと言えます。

そして、手先の感覚。切るのは得意だけど抜くのは苦手とか、右側に切るのは得意だけど左側に切るのは苦手など、「合う／合わない」は本当に人それぞれ。ただ私なりの見解を1つ言うと、変化球における器用さには利き指も関係すると思っています。

私は残念ながら人さし指が利き指で、中指でボールを押さえる力が弱くなりがち。したがってストレートが自然とシュート回転をしやすいという傾向があり、また変化球は全体的に中指をしっかり使うことが多いものなので、あまり得意ではありませんでした。そこで辿り着いたのが、人さし指を重視して投げるスライダー。リリース時に人さし指の側面（親指側）で強く切る意識を持つことで、キレもコントロールも安定するようになりました。

さらに、プロ入り後も中指で切る感覚がなかなかつかめなかったので、あえて中指を使う練習もしました。たとえばキャッチボールなどで人さし指をあえて浮かせて握り、中指と親指だけで投げてみる。あるいは、中指の上に人さし指を乗せて投げてみる。最初はか

変化球を器用に操るためには利き指を把握し、中指と人さし指の感覚をどちらも磨いておくと良い。片方を浮かせるか、もう一方に乗せたりして、あえて指1本で押さえる形で投げてみよう

なり違和感があって難しいのですが、積み重ねていくと少しずつ感覚が磨かれてきます。その成功体験で言うと、私はもともとカーブも苦手で、中指と親指でボールを挟んで捻りながら弾くという感覚がまったく分かりませんでした。しかし、中指を使う練習によってしっかりと押さえられるようになり、カーブがキュッと切れるようになったのです。中指が利き指の人はもちろん、逆に人さし指だけで投げてみるのが効果的ですし、両方とも練習をして利き指を知るということも大事です。そして指が２本とも器用になると、変化球はかなり扱いやすくなってきます。

　さらに言えば、親指の感覚も大事だと思います。この使い方が上手な人もいて、たとえばカーブなどでは中指と親指でパチンと指を鳴らすように弾くとか、拇指球の部分でボールを押してグッドサインを作るといったイメージで投げると、鋭い縦回転が掛かっていきます。また、親指はボールの下を支えている部分なので、位置を少しずらすだけでも回転軸を変えることができます。ちなみに私は、ストレートでは親指をグッと折り畳むのですが、スライダーやカーブのときは中指と人さし指の意識を強めるためにあえて親指を伸ばしていました。コロコロと変えすぎると安定感がなくなるリスクもありますが、このあたりも自分なりに合う感覚を探していけば良いと思います。

　最後に大前提の話ですが、どんなにキレよく動くボールを投げられたとしても、ストレートの強さがなければ変化球というのは生きません。打者が最も速いボールを基準にして打席に立ち、「ストレートだ」と思って反応するからこそ意味がある。投球の技術において、ストレートの強さを求めることはベースに置いてほしいと思います。

理に適った投球フォームと練習

基本的には100人いれば100通りの投げ方がある
投球フォームは選手が自分で感覚をつかむことが大事

　ここまでは成長段階に応じた技術とトレーニングの考え方について説明をしてきました。小中学生のうちは基礎となる体やバランスの良い投球フォームを作りながら、少しずつ次のステージへ移行する準備を進める。高校生以降はフィジカルをしっかりと強化し、技術も応用に入っていく。そんな流れをイメージできたのではないでしょうか。

　そして、そこからトップアスリートへと成長していくためには、心技体をより高めていく必要があります。科学的な目線で言えば、まず欠かせないのは先述した「筋力＋バネ（瞬発力）＋柔軟性」。この３つを重視して練習やトレーニングを積み、体が変わっていけば投球のレベルは確実に上がるでしょう。"投球に使える筋肉"を作り上げていくと、自然と投球フォームも良くなっていくものです。

　また投球フォームについては、やはり大前提として「ケガをしないフォーム」であることが大切です。特に肩やヒジには大きな負担が掛かってしまわないように、キレイにベクトルを出してエネルギーを逃がすこと。なおかつ自分がコントロールしやすいことが大切で、さらに打者が打ちにくいフォームであれば理想的です。

　この章では、理に適った動きができているかどうか、投球フォームのチェックポイントをひと通り紹介していきます。これまでに説明してきた要素と重なる部分もありますが、ぜひ確認してみてください。ただし、これは指導者に伝えたいのですが、選手には自分にしか分からない感覚というものがあります。100人いれば100通りの投げ方があるので、形だけを意識させて無理に１つの投げ方に当

てはめようとするとバランスを崩してしまうでしょう。チェックポイントを踏まえ、どうやって体を使えばそういう形になるのか。結局は選手が自分で感覚をつかむことが一番大事なので、たとえばビデオなどを撮って「今はこういう使い方になっているよ」「じゃあ今度はもう少しこんな意識を持ってみようか」などとアドバイスも入れながら、選手の感覚と擦り合わせて確認・修正を繰り返す作業が重要だと思います。

　そして投球フォームのポイントを紹介した後には、その感覚を養うための練習法もいくつか紹介しています。こちらも目的を理解した上で、ぜひ取り組んでもらえればと思います。

■ ポイント① 構え

マウンドでの立ち位置は「プレートのど真ん中」「一塁側」「三塁側」などさまざまな選択肢があるが、自分が投げやすい場所で構わない。ただし、投げる方向にベクトルを定めるというのは子どもから大人まで共通。軸足の内側から真っすぐ向かっていくラインを思い描き、方向性を確認しよう。

また、軸足をプレートの真上に乗せると足を上げたときにグラグラしやすく、ステップ時にも滑りやすいので、まずはプレートの横に軸足の外側をくっつけるように置くのが基本。そして姿勢やステップがブレないというのであれば、並進運動を強くするために少し引っ掛けておくのも良い。

立ち姿勢については、構えたときにお尻が後ろへクッと少し下がって骨盤が自然と前傾するのが理想。軸脚側の股関節で軽く物を挟んでいるようなイメージで、そのままステップすれば股関節にシワが作られて "割れ" の状態ができる。逆に骨盤が後傾しているとヒザが前に出てしまい、お尻やハムストリングスの筋肉が使いにくくなる。

軸足から投げる方向への真っすぐのラインをイメージ

◎ 軸足をプレートの横に置く

✕ 軸足をプレートの真上に置く

◯ 軸足をプレートに少し引っ掛ける

◯ 骨盤が前傾すれば股関節にシワを作りやすい

✕ 骨盤が後傾すると股関節にシワを作りにくい

■ ポイント② 足上げ

足を上げていく際に大事なのは、頭の位置が動いていないかどうか。ここで上体が前に倒れたり後ろに反ったりすると、その後の投球動作もバランスが崩れてしまう。バランスよく足を上げるためには、足踏み動作を利用するのが良い。右投げの場合、まずは右足をグッと踏み込み、その反動で左足を上げていく。そうすれば自然に後ろ側の筋肉（お尻やハムストリングス）を使うことになり、安定した姿勢を取ることができる。歩くときや走るときと同様、右足を踏み込むから左足が上がり、左足を踏み込むから右足が上がるというのが人間の自然な動作。そこで無理に左足だけで上げようとするから、余計な部位にまで力が入って態勢が崩れやすくなるわけだ。

● 足踏み動作で反動を
利用して足を上げる

✕ 上体を前に倒しながら足を上げる

✕ 上体を後ろへ反りながら足を上げる

■ ポイント③　並進運動

足を上げて本塁方向へステップしていくとき、上体が前後左右へ倒れていくとバランスが崩れてしまう。特に多いのは上体が力んで、頭が前へ突っ込んでいくケース。したがって頭の位置を動かさず、下半身リードでお尻から出ていくことが大切だ。また、ここから先は並進運動によって体を加速させてエネルギーを生み出さなければならないので、軸脚でいかに地面を押し込めるか。軸脚の付け根から全体的に外旋し、足がプレートに引っ掛かることで、地面から大きな反力をもらって出ていくことができる。この使い方が分かれば、より出力が高まるのだ。

◯ 下半身リードでお尻から出ていき軸脚の外旋で反力を得る

✖ 頭が動いて上体からステップする形になるとバランスが崩れる

なお、走者ありの状況では「クイックモーション」や、さらにスピードを重視した「スーパークイック」で投げるケースもあるが、これらは基本的に踏み込み脚を上げる動作を省いただけ。軸脚の使い方や踏み込み脚が着地したときの形はすべて同じだ。クイックはあらかじめ軸脚側の股関節に体を入れ、軸脚の捻り動作が始まる形を作っておくことでフォームを省略。スーパークイックはさらに足幅も広げておいて、踏み込み脚をスッと出すだけでフォームが完了するようにしている。

クイックモーション

スーパークイック

■ ポイント④　回旋運動

投球動作というのは最終的に体が回って腕が走るものなので、並進運動で生み出したエネルギーを回旋運動につなげなければならない。そして体の回旋スピードが速いほど、リリースも加速して投げるボールのスピードが速くなるもの。それを促すためには、踏み込み脚をつっかえ棒のような役割にして一気に回ることが重要だ。

ステップ後に着地した踏み込み脚は地面に対して斜めに入るため、当然、地面反力も斜めに入ってくる。ここで踏み込み脚のヒザをすばやく伸展させれば地面反力がそのまま骨盤まで真っすぐ伝わり、上体がバーンと一気に跳ね返る。これによって回旋スピードが速くなり、さらに体幹や肩関節・股関節のまわりを鍛えておけばしっかりと全身の動きがつながっていく。力が伝わる効率を良くするために、踏み込み脚のヒザの角度はやや浅めが理想。逆にヒザを深く曲げ、足の真上に乗ったりつま先より前に出たりすると、伸展するまでに時間が掛かるので回旋スピードを十分に出せなくなってしまう。コントロールだけを考えたらヒザを深く曲げて下半身を安定させるのも良いが、ボールの質を向上させたいのであれば、力のベクトルがスムーズになる角度を覚えることが大切だ。

踏み込み脚で受けた地面反力をヒザの伸展で上に伝える

■ ポイント⑤　上半身の動き

　上半身の動きは人それぞれの使い方が表れやすい部分。たとえばテークバックで腕を大きく回したり、小さく畳むように使ったり。あるいは腕の振りにしても「内旋・外旋が強いタイプ」と「真っすぐ伸び切るタイプ」がいるため、自分に合う使い方を見つけることが大事だ。そして、いずれにしても重要なのは、体を回転させるタイミングでヒジが肩のラインの一直線上に来ているかどうか。しっかりとトップの形に入ってから回ることができれば、自然と腕が外旋してヒジが少し上がり、リリースでも上から叩いて鋭い縦回転を掛けることができる。

　基本的に腕の振りはダーツの投げ方と同じで、ゼロポジション（肩甲骨と上腕骨がキレイにハマり、その間の筋肉もバランスが取れている状態）からヒジを支点にしてパッと伸ばすだけ。そこに体の回転が加わるからボールを前で離せるというだけの話で、腕だけを強く振って体の面よりも大きく前に出すというのは力が伝わらない上にケガもしやすい。また腕の伸展のタイミングも重要で、体が回るのと同時にすぐ手が体から離れていくと遠回りして力が逃げてしまう。したがって、ヒジの向きと角度を保ち、腕が体の近くを通りながら「外旋から内旋」の動きをしていくことが大切だ。

ヒジが肩のラインにあるトップの形

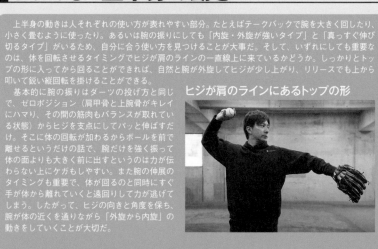

○ ＜腕の振り＞
腕を体の横で伸ばしゼロポジションで離す

✕ ＜腕の振り＞
腕を体の面よりも大きく前に出して離す

　フォームの部分で注意しておきたいのは、「ヒジが上がりすぎ・下がりすぎ」「手が近すぎ・遠すぎ」「体や腕が遠回り」。また「体を捻りすぎ」「担ぎ投げ」もベクトルがズレやすいので気をつけたい。さらに言うと、胸郭がしっかりと動くのが理想。ステップして体が前に行くときに肩甲骨がグーッと背中側へ入っていき、体が回るときに胸が張られながら腕が遅れて出てくるからこそ、しなりが生まれてスイングが大きくなる。これを生み出すためには胸まわりや肩まわりの柔軟性が必要だが、そこに加えて姿勢も大きなポイント。反り腰の状態だと上体の各部位がすべて伸展するので、肩甲骨を最初から背中側へ寄せた状態になって可動域が狭くなる。頚椎（首）と腰椎は伸展しながらも胸椎は湾曲し、やや猫背になることで胸や肩の可動域は広がる。

○ ＜腕の振り＞
腕が体の近くを通りながら抜ける

✕ ＜腕の振り＞
体の回転と同時に腕が遠くへ離れる

<胸郭の動き>
胸郭を柔らかく使えればスイングが大きくなる

○<胸郭の動き>
やや猫背だと上体の可動域が広がる

❌ 担ぎ投げで力のベクトルが
　　上に向く

❌ 捻ることで体が早く開いて
　　遠回り

❌ ＜胸郭の動き＞
　　×反り腰だと上体の可動域が狭まる

■ ポイント⑥ 　下半身の動き（軸脚）

　下半身の動きで大事になるのは、まずは軸脚の使い方。ステップ時には外旋させる力を利用して並進運動のスピードを促していくのだが、そこから着地して体が回っていくとき、軸脚のヒザをそのままバタッと本塁方向へ倒してしまうのではなく、一瞬だけ残すことが大事になる。右投げの場合、それまでサード方向を向いていた右ヒザの皿を、あえて逆にショート方向へ向けるくらいの感覚。これができれば骨盤のラインと胸郭のラインが分離し、上下の捻転差を作り出すことができる。そして体が回るのをギリギリまで我慢できる分、骨盤の回旋スピードも速くなり、その後は腕が遅れながら加速して体に巻き付いていく。体が鋭く回る力だけでなく、しなりも利用できるわけだ。

⭕ <並進運動>
軸脚の付け根から外旋して
全体で押し込む

❌ <並進運動>
ヒザを残そうとして
二塁方向へ深く曲げる

⭕ <回旋運動>
骨盤が回ろうとしながらも
軸脚のヒザを残して粘る

❌ <回旋運動>
軸脚のヒザがクルッと回って
骨盤がすぐ回転する

　表現としては「ヒザを残す」という言葉になるが、決してヒザを二塁方向に深く曲げて体重を後ろに残すということではない。あくまでも軸脚の付け根から全体的に外旋することで強い並進運動を生み出せるのであって、外側に曲げたり内側に折れたりすると力が逃げてしまう。ただし、実際に軸脚のヒザを残すためには軸脚側の股関節をものすごく外旋させなければならないので、その意識付けとして「シンニョウの形」（漢字の部首）をイメージするのは有効。踏み込み脚をそーっと出していき、着地して体が回転するときに軸脚をしっかり外旋させるという感覚をつかみやすい。

◯ 軸脚の付け根まで しっかりと地面反力を 得ながらステップ

✕ 軸脚のヒザが つま先の前に出て 上体も前に倒れる

✕ 軸脚のヒザが 折れてお尻が落ち 上体も後ろに反る

■ ポイント⑦　下半身の動き（踏み込み脚）

　踏み込み脚の使い方は人それぞれで、たとえば着地でも「つま先から着く人」「カカトから着く人」、あるいは「足の内側から着く人」「真上から足を落とす人」「足の外側から着く人」などがいる。また軸脚も組み合わせると、ステップの方法にも「軸脚：踏み込み脚」が「外旋：外旋」「内旋：内旋」「外旋：内旋」「内旋：外旋」の４パターンがある。もちろんステップ時に軸脚は外旋するのだが、基本形として内旋が強い場合は脚の内側の筋肉（内転筋）、外旋が強い場合は脚の外側の筋肉（お尻の筋肉）が大きく作用する。ちなみに「内旋：内旋」はかなりの柔軟性が必要で、股関節まわりが硬い人は外旋を使うほうがスムーズに動ける。

　しっかりと力を受けることができるのであればどうやって使っても構わないが、いずれにしても踏み込み脚のヒザがつま先よりも前に出るのは良くない。着地後にすばやくヒザを伸展させるためにも、ヒザはカカトよりも後ろにあるのが理想。実際のところ、マウンドの傾斜も手伝って並進運動のスピードは速くなり、足を着いてからヒザがさらにグッと深く曲がって前に出してしまいがちなので注意したい。それと、踏み込み脚で気をつけなければならないのは方向性。基本は軸足の土踏まずから投げる方向へ向かってラインを引き、真っすぐ踏み込む。インステップしやすい人はカカトから線を引き、アウトステップしやすい人はつま先から線を引くとちょうど良い。また、踏み込み脚のつま先は真っすぐ向けるのが理想だが、やや内側に閉じてあるとヒザが締まってくれるので問題ない。ただ内側に閉じすぎたり、逆に外側へ開いたりするのは、力が上手く伝わらなくなるので修正したい。

<ステップの方法>
軸脚が外旋：踏み込み脚が外旋

<ステップの方法>
軸脚が内旋：踏み込み脚が内旋

<ステップの方法>
軸脚が外旋：踏み込み脚が内旋

<ステップの方法>
軸脚が内旋：踏み込み脚が外旋

<方向性>
軸足のアーチを中心に
真っすぐ踏み出す

<方向性>
投げる方向に対して
大きくインステップ

<方向性>
投げる方向に対して
大きくアウトステップ

<方向性>
つま先が真っすぐ入る

<方向性>
つま先が内側へ閉じすぎる

<方向性>
つま先が外側へ開く

■ポイント⑧ リリース

　基本的にボールをリリースするときは握り潰すように弾いているもの。ただし、これを意識すると手や指がガチガチに固まってスムーズに投げられなくなってしまう人もいるので、自分なりにちょうど良いイメージを持つことが大切だ。感覚としては「指2本（中指・人さし指）を立てて指先で強く押し込む」「指2本を曲げたまま上から叩くように弾く」「指3本（中指・人さし指・親指）で握り潰すように弾く」の3パターンが多い。また、余計な力が入らずに前で離すことができれば、手首が立って指が真っすぐ入り、ボールに鋭い縦回転が与えられる。

2本の指先で捕手方向へ押し込む

2本の指を曲げたまま強く叩く

3本の指で握り潰すように弾く

■ポイント⑨　フィニッシュ

　フィニッシュについては、小中学生であればまずはバランスの良いフォームを身につけるために1本脚で立つことが大事。その基本を前提とした上で、しっかりと地面反力を利用できていれば勝手に良い形になるので、高校生以上のレベルでは「ここへ収めよう」と考えなくて良いだろう。強く投げられたときはむしろ、フィニッシュ後に飛び跳ねるくらいの勢いがあるもの。右投げの場合は投げ終わりに自然と右脚が左脚の前までドーンと出るか、もしくは左ヒザの強い伸展による反動で右脚が後ろへ戻っていくのが自然だ。また基本的なチェックポイントとして、投げ終わりに軸脚のヒザが体に近い状態で前に出てくるというのは、力が抜けてしまっている証拠。ヒザが地面に着くのもあまり良い傾向ではなく（体が柔らかくて接地するのは別）、投げた勢いで軸脚がボーンと斜め後方へ離れてヒザが遠くへあるのが良い。

◯ 地面反力を強く受けて軸脚が遠くへ離れる

✕ 力が逃げて軸脚のヒザが体の近くで収まる

■ 練習法① 軸脚の押し込みで歩く

　並進運動で十分なエネルギーを生み出すためには、ステップ時に軸脚の外旋を利用して地面（＋プレート）を押し込むことが重要。その動きを養うためには、平地で真横へ真っすぐ歩きながら軸脚で体を押し込んでいくという練習がオススメ。ヒザを深く曲げず、軸脚の付け根から全体的に力を感じられると良い。

■ 練習法② 二塁方向から骨盤を押してもらう

軸脚のヒザを残す技術を覚える際、二塁方向からチューブなどで軸脚を引っ張るという方法があるが、内転筋のトレーニングとしての効果はある一方、これだけだと後ろから掛かった力に対して我慢することになるため、本来の動きとはベクトルが変わってしまう。最終的には前に進みながら我慢する感覚を養うことが大切なので、二塁方向から軸脚側の骨盤をポンと押してもらい、勢いをつけて体が出ていく中で軸脚の使い方を意識するという方法が良いだろう。また、投げる方向に真っすぐ力を伝えるという部分でも良い練習になる。

■ 練習法③ 本塁方向からお尻を支えてもらう

マウンドの傾斜を利用して投げていると並進運動が加速する分、どうしても頭が本塁方向へ突っ込みやすくなる。投球動作はあくまでも下半身リードなので、頭を動かさずにお尻から出ていくのが理想。さらに軸脚を外旋させて投げる方向へ力強く押し込むという感覚を養うためにも、本塁方向からお尻を支えてもらい、そこに対してしっかりと押し込んでいくと良い。

■ 練習法④ 助走をつけて最大出力で投げる

体の強さ、腕の振りの強さ、ボールの強さを上げるためには、10メートルほどの短い距離で助走をつけていき、ネットへ向かって全力で投げ込むというのが効果的。外野手のバックホームのようなイメージで最後は飛び跳ねるくらいの勢いが生まれれば、着地した脚のヒザをすばやく伸展させて地面反力を利用する感覚が分かってくる。ただし、もちろん自分が備えている最大出力で投げるため、体に大きな負担は掛かる。ケガには注意しながら取り組もう。

■ 練習法⑤ 壁の前に立って投球動作をする

バランスの良いフォームで良い回転のボールを投げるために、壁の前に立ってシャドーピッチングやキャッチボールをするのも良い。手や足が壁に当たらないように体を使う分、全体的に遠回りする動作がなくなり、いわゆる"体の開き"が抑えられる。そして、ヒジを上手く使いながら体の近くで腕を通す感覚が分かってくる。また体も腕も縦に振ることになるため、指の角度も縦に入ってキレイな縦回転が掛けやすくなる。

■練習法⑥　スローピッチング

　さまざまな投球フォームのポイントなどを踏まえ、あえて1コマずつゆっくりと動く「スローピッチング」で体の使い方を確認するのはオススメ。シャドーピッチングやキャッチボールだとどうしても腕の振りが速くなるため、細かい動作は流れに任せてしまうことが多い。理想の使い方をイメージしながらゆっくりと動くことで感覚が磨かれる上に、分からない部分は自分で考えるようになるのだ。実際にボールを投げるわけではないので、ケガも防ぎながら技術を追求できる。

第5章

セルフチェック&ケア

セルフチェックで体の特徴をしっかりと確認して
セルフケアでバランスの良い姿勢に整えていく

　スムーズな投球フォームを実現するためには、自分の体の特徴をチェックしておくこともすごく大切です。いくら正しい投げ方を身につけようと反復練習をしても、たとえばヒジが曲がったまま固まっていてしっかり伸ばせないとか、肩の位置がズレていて腕がスムーズに上がらないとか、そもそも「体の特徴が原因で制限が掛かっているから思い通りに動けない」というケースは多々あります。したがって、まずは自分の体の状態を知ること。そして体のアライメント（各部位の配列）を整えることで、動作は改善されていきます。

　身体的特徴については第1章でも代表例を挙げましたが、それを踏まえて、基本的な体の使い方の傾向を説明しておきましょう。

　分かりやすく「O脚・X脚」で説明すると、まずO脚（脚が外側に曲がった状態）の人は外側の筋肉が脚を引っ張っているため、体を開くほうが動きやすい。X脚（脚が内側に曲がった状態）の人は内側の筋肉が脚を引っ張っているため、体を締めるほうが動きやすいと言えます。そして、体というのは無意識にバランスを取ろうとするものなので、一方が強く引っ張っている場合、もう一方はそれを矯正するためにより強く働こうとします。つまり、O脚の場合は外側の筋肉が引っ張るのに対し、内側の筋肉が「そっちへ行くな」という反射でより頑張るため、結果的に脚の内側の筋肉が張ったり硬くなったりしやすいのです。逆にX脚の場合はもちろん、外側の筋肉への負担が大きくなります。したがってO脚の人は内側の筋肉（内転筋など）、X脚の人は外側の筋肉（外側広筋など）に対して、ストレッチやマッサージなどのケアをより意識する必要があります。

　あるいは「猫背・反り腰」なども分かりやすいでしょう。猫背の人は上体が丸まりやすいため、「前に行くな」という反射が起こって、背中側の筋肉が疲労しやすい。反り腰の人は背中を反りやすいので、逆に体の前面の筋肉が頑張って疲労しやすいと言えます。ちなみに「なで肩・いかり肩」は先述した通り、僧帽筋や首まわりの筋肉の発達の違いが大きく影響しており、前者は肩甲骨が下がりやすい、後者は肩甲骨が上がりやすいという特徴があります。また各部位で「左右差がある」というのは、正常なバランスから見てどちらか一方に偏っているということなので、「動きにくいほうにより大きな負担が掛かっている」と考えることができます。

　この理屈を知っておくと、投球フォームでエラー（誤った動作）が起こった場合も早めに対策を取れるようになります。たとえば一口に「体の開きが早くなる」と言っても、その原因は人によって違うもの。それでも、たとえばO脚の人なら「内側の筋肉が硬くなっているから体が開いているのかな」、猫背の人であれば「背中側の筋肉が張っているから体が開いたのかもしれない」と、原因となっている可能性が高い要素にパッと辿り着けるわけです。そして、投手としての成長を長いスパンで見据えるという意味でも、体の特徴を踏まえてストレッチやマッサージなどのケア、あるいはトレーニングを重点的に行い、バランスの良い姿勢に整えていくことはすごく大切です。

　さて、次ページからは一人で体の特徴を確認する「セルフチェック」と、一人で体のバランスを整える「セルフケア」の方法を紹介していきます。１つずつ細かい特徴を挙げるとキリがないため、大きなテーマとして、野球の全カテゴリーで多く見られる「肩・ヒジ・腰・ヒザの張りや痛み」へのアプローチ（ちなみに首のケアは一人

で行うと寝違えるなどのリスクを伴うため、あえて除外）に絞っています。資格を持っていない人でも簡単にできるように分かりやすく示しているので、ぜひ採り入れてみてください。

■誰でもできるセルフチェック

立ち姿勢（肩）

まずは鏡の前に立ち、肩幅くらいに足を広げる。上体をリラックスさせて腕の力も抜き、できるだけ自然な状態にすること。この立ち姿勢を自分で見て、どこのバランスが崩れているのかをチェックする。

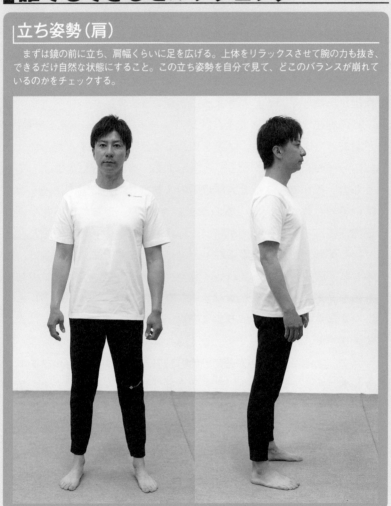

Case.1 肩が前に出る

正常であればシャツの脇はピンと張っているが、肩が悪い状態だと前に出ることが多く、シャツの脇にシワが入る

Case.2 肩が上がる

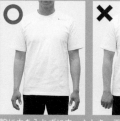

正常であれば肩の位置は左右ともフラット。疲労が溜まってくると首まわりの筋肉や僧帽筋が収縮し、肩が上がって首の横のスペースが潰れてくる

Case.3 手の甲が前を向く

腕に力を入れずに立ったとき、正常なら手の親指側が前を向くが、疲労によって手の筋肉が収縮して固まったままだと、親指が体の内側に巻かれて手の甲が前を向く。それが前腕から上腕へと伝わり、結果的に肩が前に出る

寝姿勢（上体）

　フラットな場所で仰向けに寝て、全身の力を抜いておく。この状態で肩の高さや胸の高さを見る。また両手を胸に置いて力を抜いたとき、自然な状態になっているかどうかもチェックする。

Case.4 肩が浮く

頭側から見たとき、肩がしっかりと地面に着いていれば正常。悪いときは肩の骨（骨頭）が前に出る形で地面から浮く

Case.5 胸が沈む

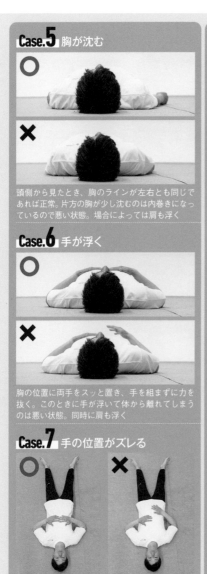

頭側から見たとき、胸のラインが左右とも同じであれば正常。片方の胸が少し沈むのは内巻きになっているので悪い状態。場合によっては肩も浮く

Case.6 手が浮く

胸の位置に両手をスッと置き、手を組まずに力を抜く。このときに手が浮いて体から離れてしまうのは悪い状態。同時に肩も浮く

Case.7 手の位置がズレる

胸の位置に両手をスッと置き、手を組まずに力を抜く。片手の位置が上下にズレて胸に収められないのは、内旋がキープできていないので悪い状態

立ち姿勢（ヒジ）

鏡の前で真っすぐ立ち、両腕の力を抜いて大きく広げる。肩のラインで水平に伸ばすか、もしくは斜め下方向へ伸ばして、ヒジがしっかり伸び切っているか、それとも曲がったままになっているのかをチェックする。左右差があれば分かりやすく現れる。

Case.8 ヒジが曲がっている

ヒジをしっかりと伸ばすことができていれば正常。曲がったままの状態で止まってしまう場合（伸展制限）は悪い状態

立ち姿勢（骨盤）

鏡の前で横向きになり、全身をリラックスさせて自然な感覚で真っすぐ立つ。このときに骨盤も垂直に立っていれば正しい状態。前後に傾いていないかどうかをチェックする。

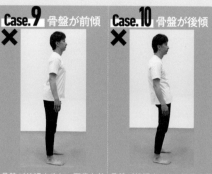

Case.9 骨盤が前傾

骨盤が前傾すると、正常な位置よりもお尻が後ろへグッと引かれていく。また、胸が張られてやや反り腰になる

Case.10 骨盤が後傾

骨盤が後傾すると、正常な位置よりも太モモがグッと前に出ていく。また、背中が丸まってやや猫背になる

■症状に合わせたセルフケア

肩の張りや痛みへのアプローチ（後ろ側）

　肩に違和感や痛みがある場合、基本的には肩の後ろ側が張っていることが多い。そこで、まずはアウターマッスルである三角筋の後部を伸ばす（メニュー①）。その後、棘下筋を中心に内旋しながらインナーマッスルを伸ばす（メニュー②＆③）。やり方によっては①でインナーマッスルも伸びるのだが、外旋系のストレッチなので内旋の可動域は出せず、これだけではケアとして不十分。また棘下筋については、ヒジを頭上に高く上げた状態から手でグッと引くというメニューをやっている人が多いが、これも実は内旋が利いていない。投球動作では特に内旋の動きが大きなポイントになるので、②や③の内旋系のストレッチで関節内（関節包の内部）をしっかりと伸ばす必要がある。

メニュー① 三角筋後部の外旋ストレッチ

片方の腕を胸の前で横へ伸ばし、もう一方の腕をクロスさせる形でヒジあたりを押えてグーッと引っ張る。これで肩の外側の筋肉を伸ばす

メニュー② インナーマッスルの内旋ストレッチ（立位）

✕肩が上がる　✕手が離れる

片方の手をもう一方の肩に置き、ヒジを肩のラインまで上げる。この状態からもう一方の手でヒジをグーッと後ろへ押し込み、手が浮かないように背中を沿わせていく。そうすると肩関節の骨頭が後ろへ行って後ろ側の筋肉がしっかりと伸びる。肩が上がったり手が離れたりすると内旋が利かなくなるので注意

メニュー③

インナーマッスルの内旋ストレッチ（側臥位）

横向きに寝そべってヒジを着き、肩に頬を当ててしっかりと押さえる。ヒジの角度を90度（もしくは鋭角）にしたら、もう一方の手でグーッと手の甲を押しながら地面に近づけていく。押しているときはゆっくりと呼吸をすること。親指側をやや下に向けたほうが内旋を利かせやすい。また、体や手が外側へ開くとヒジの角度が保てなくなってしまうので、体は真っすぐか少し内側に閉じ気味で、手の甲を真っすぐ押すことが大事

✕ 肩が浮く　　　✕ 手を外側に押す　　　✕ 体を外側へ開く

肩の張りや痛みへのアプローチ（前側）

　肩の前側に張りや痛みを感じる場合は、患部へのマッサージでほぐしていく必要がある。上腕二頭筋の長頭部（腱と筋肉がちょうど付着している細い部分）を指2本で押さえ、線維を切るようなイメージでコリコリと揺らしていけば、しっかりとほぐれて楽になる。ゴリゴリと強く押すと、逆に炎症を起こしてしまうので注意。症状が出ている場合は軽く触っただけでもかなり痛いはずなので、細かく軽く揺らすだけで十分だ。

メニュー④
上腕二頭筋長頭部のマッサージ

鎖骨の端っこの下あたりに指2本を当て、コリコリとした感触がある部分を軽く揺らして刺激を与える

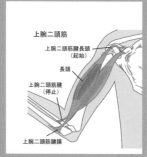

上腕二頭筋
上腕二頭筋腱長頭（起始）
長頭
上腕二頭筋腱（停止）
上腕二頭筋腱膜

Case1・Case4・Case5への対策

　Case1、Case4、Case5は基本的に肩が内側に巻いてくるパターン。これに対してはインナーマッスルの内旋ストレッチ（メニュー②＆③）に加え、胸のストレッチ（メニュー⑤）を行うと良い。壁に手を当てて胸をしっかり伸ばすことで、内側に向かって収縮している筋肉をほぐしていく。

メニュー⑤
胸のストレッチ

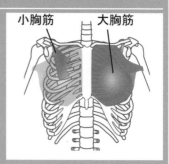

小胸筋　　大胸筋

壁際に向かって立ち、腕を肩のラインで横へ伸ばして壁に手を着ける。この状態から体をグーッと外側へ向け、顔も外側へ向けて肩の前あたりの胸を伸ばしていく

Case2 への対策

　Case2 は肩が上がって首の横のスペースが詰まってしまうパターンで、まずは肩を引っ張っている胸の筋肉をほぐしていく。胸のストレッチ（メニュー⑤）を行ったら、次は胸のマッサージ（メニュー⑥）。指4本でしっかり押して、大胸筋と小胸筋をほぐしていこう。さらにインナーマッスルの内旋ストレッチ・側臥位（メニュー③）も組み合わせると良い。そして、首から背中にかけてつながっている僧帽筋のストレッチ（メニュー⑦）も行うことで、肩をスッと落とせるようになる。

メニュー⑥
胸のマッサージ

鎖骨の下の骨頭の内側にある胸の筋肉を、親指以外の指4本の腹でしっかり押していく。揉み返しに気を付ける必要はあるが、ゴリゴリとやや強めにほぐして良い

メニュー⑦
僧帽筋のストレッチ

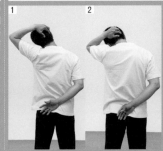

真っすぐ立った状態から顔を真横に倒し、首から背中にかけての筋肉を伸ばす。片手（倒した側の手）でしっかりと頭を押さえてグッと引き、もう一方の手は背中側に回す。真横に倒すパターン（①）と、斜め前に倒すパターン（②）をどちらも行う

Case7 への対策

　Case7 は内旋の動きが硬く、肩や胸のまわりが詰まって腕をしっかり締められなくなってしまうパターン。この場合はもちろん、インナーマッスルの内旋ストレッチ（メニュー②＆③）が必須。そして、胸郭のストレッチ（メニュー⑧）も組み合わせていこう。肩甲骨には「挙上・下制」「外転・内転」「上方回旋・下方回旋」という6つの動きがあり、胸郭を柔らかくして「外転・内転」と「上方回旋・下方回旋」の動作をスムーズにすることで、肩甲骨の可動域が確保される。

メニュー⑧
胸郭のストレッチ

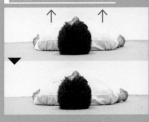

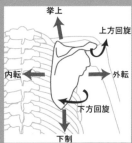

挙上
上方回旋
内転
外転
下方回旋
下制

仰向けに寝て、力を抜いておく。ここから両肩を地面にずっと着けたまま、ヒジと肩で押し込んで胸を突き出すように大きく開いていく。肩甲骨は「内転＋下方回旋」の働きで背中側にグッと寄せる。手で押すのではなく、ヒジで上体を持ち上げる感覚

Case3・Case6への対策

　Case3とCase6は、手や前腕の動きからつながって肩に影響を及ぼすパターン。したがって、まずは手（親指の付け根）のマッサージ（メニュー⑨）が大事になる。張ってくると内側に入って固まりやすい親指の付け根の筋肉をほぐすことで、腕全体が内側に入る原因を改善していくのだ。さらに前腕を回内させる筋肉（回内筋＝円回内筋、方形回内筋、橈側手根屈筋など）のマッサージ（メニュー⑩）と、前腕のストレッチ（メニュー⑪）も行うことで、筋肉のバランスがより整っていく。

メニュー⑨
親指の付け根のマッサージ

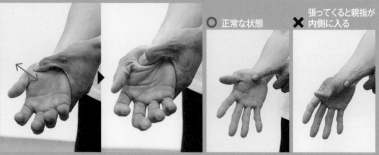

○ 正常な状態 ✕ 張ってくると親指が内側に入る

親指の付け根、拇指球のふくらんでいる部分を指でグッと押さえ、左右に切るようなイメージで横に動かしながらゴリゴリと揉みほぐしていく。内側に閉じている筋肉を大きく開いてあげるイメージ。痛みがある箇所はすべて揉んでいく

メニュー⑩
回内筋のマッサージ

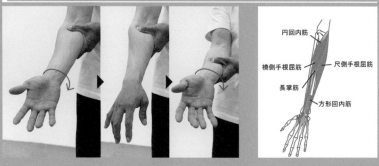

円回内筋
橈側手根屈筋　　尺側手根屈筋
長掌筋
方形回内筋

前腕には円回内筋、橈側手根屈筋、長掌筋、尺側手根屈筋、方形回内筋などの筋肉が並んでいる。それらの張りがある箇所に親指を当ててグッと固定したら、前腕をグリッと回内させていく。親指で揉むと筋線維に大きなダメージを与えてしまうため、親指を沈み込ませておいて、回内によって筋肉を切って緩和させるイメージ。親指の位置はヒジから手首のほうへと移動し、筋肉に沿ってほぐしていく

メニュー⑪
前腕のストレッチ

前腕のストレッチはおもに5種類。まずはヒジを伸ばし、上もしくは下に向けた指先を持ってグッと引っ張る（①②）。続いて、親指を手の甲のほうから持って捻る（③）。次は親指を手のひらで押さえ、手前に引く（④）。最後に親指を手のひらの腹に当て、今度はグッと押し込んで親指の付け根を伸ばしていく（⑤）

肩のケガ予防

　肩のケガに大きく関わってくるのは肩甲骨の動き。普段からしっかり動けるように整えておけば、肩を回すのもだいぶ楽になる。その方法としてオススメしたいのは「CAT&DOG」。四つ這いになって猫背（猫の姿勢）と反り腰（犬の姿勢）を交互に繰り返す運動だが、意識を変えるだけで効果は大きく変わる。さらに四つ這いの姿勢からさまざまな動きをすることで、肩甲骨の可動域を広げていくと良い。

基本姿勢

手を肩幅くらいに開いて四つ這いの姿勢を作る

メニュー⑫
CAT&DOG（骨盤を意識）

いったん肩甲骨を寄せて上体を落としたら、グーッと肩甲骨を開いて背中を丸め上体を持ち上げるのが通常の「CAT」だが、これだと肩甲骨だけの意識が強くなる。そこで骨盤の動きを追加。下っ腹を思い切り凹ませて骨盤を後傾させ、頭もグッと中に入れ込んでいく。また、その後に肩甲骨を寄せて上体を落とし背中を反るのが「DOG」だが、このときも下っ腹に力を入れて骨盤を前傾させ、しっかりと上を見る。これで可動域が変わってくる

メニュー⑬
CAT&DOG（脚を下げる）

バリエーションを増やすために、今度は脚の位置を後ろへ下げた状態からスタート。肩甲骨を寄せたり開いたりする角度が変わるので、動きに幅が出てくる。なお、通常の形よりも肩甲骨が立って剥がれやすくなるため、肩まわりが硬い人はこちらがオススメ

メニュー⑭
前後の動き

四つ這いで脚の位置を後ろに下げた状態からスタートし、肩甲骨を寄せたまま骨盤を大きく前後に動かしていく。これも肩甲骨の可動域が広がる

メニュー⑮
左右の動き

四つ這いで脚の位置を後ろに下げた状態からスタートし、肩甲骨を寄せたまま上体を左右に動かしていく。肩甲骨を揺らす意識で、動きに幅が出てくる

Case8 への対策

　Case8 はヒジの伸展制限が掛かってしまっている。筋肉には収縮（力が入る）と弛緩（力が緩む）という働きがあり、収縮を促すためには拮抗筋（対になる筋肉）を弛緩させることが大事。ヒジの伸展で大きく働くのは上腕三頭筋なので、その働きを促すためには拮抗筋である上腕二頭筋をマッサージで緩めていくことが必須となる。上腕二頭筋の腱が付着しているのは橈骨の内側で、ヒジの下あたり。見た目としては前腕のマッサージの印象だが、そこを押さえながら腕を回してほぐすことで、上腕二頭筋の筋肉全体が緩んでくる（メニュー⑯）。また、上腕二頭筋だけでなく上腕筋も緩めることが大事だが、筋肉を指で直接押して揉みほぐすのはNG。それをやると防御反応が働いて逆に力が入ってしまう。そうではなく、上腕二頭筋全体を軽くつまんでおいて、やはり腕を回すことで筋肉を切っていくという方法が良い（メニュー⑰）。

メニュー⑯
上腕二頭筋腱のマッサージ

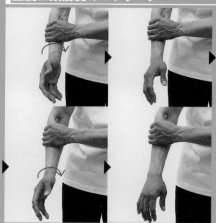

ヒジの下あたりの橈骨の内側に付着している上腕二頭筋腱に対し、親指の腹を縦に当ててグッと押さえる。そして、前腕を軽くグリッと回内させることで腱に刺激を与えてほぐす。押さえる位置は少しずつずらして、ヒジのラインまで上げていく

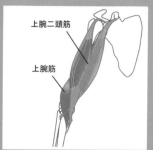

上腕二頭筋

上腕筋

メニュー⑰
上腕筋のマッサージ

上腕二頭筋の全体を中指と親指で上から軽くつまむ。中指を当てたほうが上腕筋になるのでそこをグッと押さえ、腕のほうを回すことで筋肉を切ってゴリッとほぐしていく。押さえている指の力の調節が肝心で、腕を脱力させながら指を奥までグッと入れて固定すれば、より強くほぐすことができる

腕が上がりにくい場合のアプローチ

　セルフチェックをしなくても分かることだが、動きの中でどうしても腕が上がりにくい感覚がある場合は、肋間筋（肋骨の間にある筋肉）が潰れて肩全体が前に出てしまっていることが多い。そうなると当然、腕を上げたら肩関節で衝突が起こって痛みが生じる。したがって肩関節そのものの可動域を広げるよりも前に、肋間筋を伸ばしてあげることが必要になる。

メニュー⑱
肋間筋のストレッチ

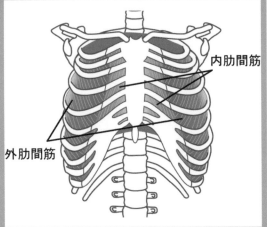

内肋間筋

外肋間筋

壁にヒジを着きながら寄りかかる形を取り、脇腹をグーッと大きく開いて肋間筋を伸ばしていく。またヒジを頭上に高く上げて手を背中側に持っていくことで、同時に上腕三頭筋も伸ばしていく。これだけで腕を上げる動作がかなり楽になる

ヒジの張りや痛みへのアプローチ

　ヒジに張りや痛みがある場合、基本的にはそこに関連する筋肉のマッサージでほぐしてあげることが大切。内側に痛みがある場合は前腕の内側ラインの筋肉のマッサージ（メニュー⑲）、外側に痛みがある場合は尺骨まわりの筋肉のマッサージ（メニュー⑳&㉑）。また、いずれの場合も上腕三頭筋のマッサージ（メニュー㉒）を入れると、ヒジまわりが緩んで楽になってくる。なお、基本的には筋肉を指で直接揉みほぐすのではなく、指を押し込む深さで力を調節し、あとは腕を脱力しながら回すことで筋肉を切っていくという方法が良い。

メニュー⑲
前腕の内側ラインのマッサージ

中指と親指で上腕をつかんでスーッと下へ落としていったとき、親指が止まるところは「尺骨の内側上顆」、中指が止まるところは「橈骨の外側上顆」。この骨の出っ張りを乗り越えたところで筋肉をつまみ、親指をグッと押し込む。そして腕を回内させることで筋肉を弾きながらほぐし、親指の位置を手首のほうまで少しずつ下へずらしていく。そうすると前腕の内側ラインの筋肉を緩めることができる

メニュー⑳
尺骨の内側のマッサージ

メニュー⑲の中指と親指を当てたところから、回内をすると中指がちょうど尺骨の内側に当たる。この位置を親指以外の指4本で強く押さえ、グリグリと回しながらほぐして手首のほうへ向かっていく。これで尺骨の内側の筋肉が緩んでいく

メニュー㉑
尺骨の外側のマッサージ

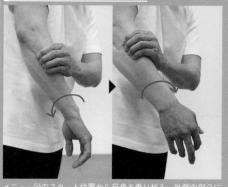

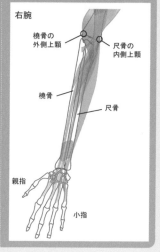

右腕

橈骨の外側上顆
尺骨の内側上顆
橈骨
尺骨
親指
小指

メニュー⑳のスタート位置から尺骨を乗り越え、外側の部分に指4本を当てる。そして、尺骨と橈骨の間の溝を掃除するような感覚で、指を押し込みながら腕を回して筋肉を剥がしていく

メニュー㉒ 上腕三頭筋のマッサージ

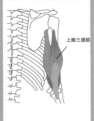

上腕三頭筋は上腕骨の後ろ側の筋肉。これを中指と親指でつかみ、スーッと落としていくと肘前に当たる。ここについている腱を親指でしっかり押さえ、ややヒジを曲げた状態にして、腕全体を回しながらほぐしていく。ただし回内は促さず、手のひらはできるだけ上を向けたままが良い。また仕上げとして、ヒジが曲がらないように手首を押さえながら、拮抗筋である上腕二頭筋に力を入れる。ここに刺激を入れることで、さらに上腕三頭筋が緩んでいく

Case9・Case10 への対策

　Case9 は骨盤前傾で、おもに張りやすい筋肉は腸腰筋と大腿四頭筋と脊柱起立筋。腸腰筋が引っ張るので太ももを上げるようになり、さらに体が反っているので背中にも力が入る。メニュー㉓&㉔&㉕で各部位をほぐすことが大切になる。一方の Case10 は骨盤後傾で、腹直筋と殿筋とハムストリングスが張りやすい。お腹が縮んでいき、脚の後ろ側が頑張るので、メニュー㉖&㉗&㉘で筋肉をしっかりとほぐしていきたい。

メニュー㉓ 腸腰筋のストレッチ

両足を前後に開き、片方のヒザを着ける。立てているほうのヒザを両手で押さえ、骨盤を立てたままそちらにグーッと体重を掛けていく。左右どちらも行う

メニュー㉔ 大腿四頭筋のストレッチ

脚を伸ばして座ったら、片方のヒザをお尻側に折り曲げる。この状態から上体を後ろへ倒して背中を地面に近づけていく。左右どちらも行う

メニュー㉕ 脊柱起立筋のストレッチ

体育座りの状態から両手を内側に入れ、脛骨（スネ）に引っ掛ける。ここから背中をグーッと後ろへ引っ張る

メニュー㉖
腹直筋のストレッチ

うつ伏せの状態から両手を着いて上体を起こし、上を見て背中を反ることでグーッとお腹を伸ばしていく

メニュー㉗
殿筋のストレッチ

仰向けに寝たら片脚を曲げ、もう一方の足をヒザの前に引っ掛ける。その間から手を通しながら曲げている脚のヒザ下（前側）を抱え、体に近づけてお尻を伸ばしていく

メニュー㉘
ハムストリングスのストレッチ

イスに座って両脚を斜め前に広げ、骨盤を前傾させる。片方の脚を伸ばし、そちらに上体を倒してグーッと体重を掛けていく。ただし、ヒザを伸ばしすぎるとヒザ上の筋肉が苦しくなるため、角度としては浅めに曲げるくらいがちょうど良い。お尻からヒザ裏にかけて全体的に伸びるように意識する。左右どちらも行う

腰の張りや痛みへのアプローチ

　腰痛に関してはお尻やハムストリングスの状態が影響していることが多いため、殿筋のストレッチ（メニュー㉗）とハムストリングスのストレッチ（メニュー㉘）がオススメ。それに加えて腰のストレッチ（メニュー㉙）と、腰とお尻のストレッチ（メニュー㉚）を採り入れると良い。

メニュー㉙
腰のストレッチ

仰向けに寝たら両足を頭の位置まで上げ、足首の裏を両手で抱えてヒザを伸ばす。腰を意識しながらまずは真っすぐ後ろに倒していくこと（①）。その後は右側に捻ったり左側に捻ったりすることで、伸びる場所が微妙に変わって腰全体がほぐれてくる（②③）

1　**2**　**3**

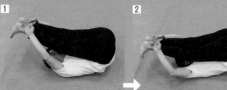

メニュー㉚
腰とお尻のストレッチ

正座の要領で両ヒザを着いて座り、片方の脚の上にもう一方の脚を乗せる。そして、乗せられた脚のほうへ体重をグーッと掛けながら座り込んでいくと、お尻から腰に掛けて筋肉がしっかりと伸びていく。左右どちらも行う

メニュー㉛
片脚立ち

真っすぐ立った状態から片脚を上げて後ろ側へ回し、ヒザを90度、足首も90度に曲げる。この姿勢で1分間キープ。曲げているヒザは外側へ開かないように真っすぐ向けること。左右どちらも行う

ヒザの張りや痛みへのアプローチ

　ヒザに張りや痛みを感じる場合、よく「モモ前の筋肉を強化することが大事だ」と言われるが、これは誤り。原因は殿筋とハムストリングスが利いていないことであり、だからこそ拮抗筋であるモモ前の大腿四頭筋が頑張り、ヒザのお皿の下に付着している部分が引っ張られて痛みが生じるのだ。そもそも動作として「曲げる」よりも「伸ばす」ほうが楽なので、モモ前ばかりを使う習慣がついてしまうことは多く、歳を取ったらいつの間にか殿筋やハムストリングスが弱くなっている、というケースがよくある。したがって、その2か所を徹底的に鍛えることが大事。ただし、違和感がある状態で大きな負荷を掛けるのはリスクが高いので、刺激を入れるくらいの強度がちょうど良い。

メニュー㉜
逆ブリッジ

四つ這いの逆の姿勢（仰向け）を取り、骨盤をしっかり上げた状態で体を前後に動かしていく（①）。お尻が落ちるのはNG。テーブルのように平面をキープして大きく揺らす。これが上手にできる人は少し強度を上げ、片脚を真っすぐ上げて同様に体を前後に揺らしていく（②）

馬原孝浩

まはら・たかひろ●熊本県熊本市出身の元プロ野球選手。福岡ダイエーホークス、福岡ソフトバンクホークス、オリックス・バファローズで投手として活躍し、WBCにも出場した。2015年の現役引退後、柔道整復師・はり師・きゅう師の3つの国家資格を取得。スポーツ界での実績と専門的知識を併せ持った資格者として、全国でセミナー、講演、ケア・トレーニング(MAHARA式トレーナーメソッド)講習、トレーナー育成等の活動を行い馬原トレーナーアカデミーグループ代表を務める。自身のYouTubeチャンネルでもトレーニング法などを紹介している。21年より独立リーグ球団「火の国サラマンダーズ」のピッチングGMに就任。21年シーズン終了後からは監督(GM補佐兼任)。22年はリーグ優勝を成し遂げ、グランドチャンピオンシップは2連勝して初優勝を達成。緑鍼灸整骨院を福岡県内で展開している。

撮影協力／火の国サラマンダーズスタッフ　源 隆馬

馬原孝浩の
「投球クリニック」

2023年5月31日　第1版第1刷発行

著　者／馬原孝浩

発行人／池田哲雄
発行所／株式会社ベースボール・マガジン社
　　　　〒103-8482
　　　　東京都中央区日本橋浜町2-61-9　TIE浜町ビル
電　　話　　03-5643-3930(販売部)
　　　　　　03-5643-3885(出版部)
振替口座　　00180-6-46620
HP　　　　https://www.bbm-japan.com/

印刷・製本　　大日本印刷株式会社